0.1秒把“最糟”變“最好”

讓人生快樂100倍的思考方法

ものの見方検定——「最悪」は0・1秒で「最高」にできる！

翡翠小太郎——著

張佳雯——譯

所有事物不是正面，也不是負面，
而是中立的，就像是「0」。
幸或不幸都不存在。
因此，
只要換個角度思考，一切就會不同。

——心理學博士　小林正觀

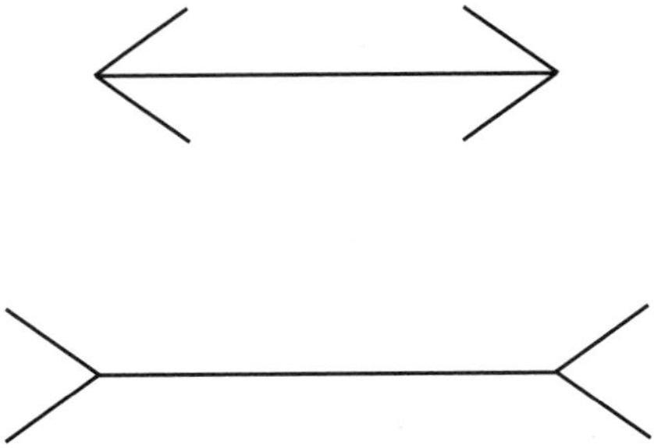

繆氏錯覺

這兩條線，
你覺得哪一條比較長？
下面那條看起來明顯比較長吧？

請拿尺來量量看。

實際上，
兩條線一樣長。

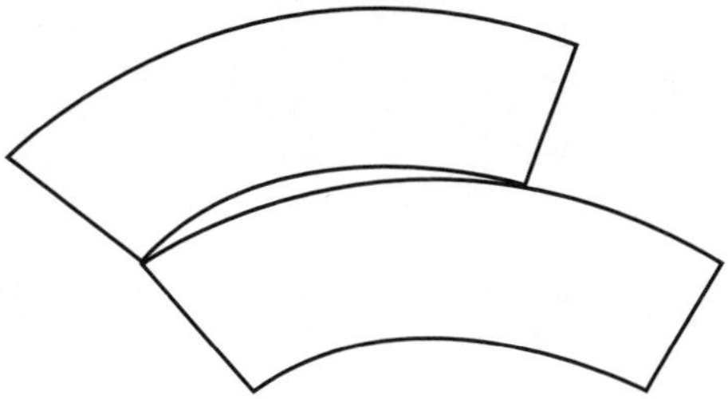

賈斯特羅錯覺

這次，你覺得哪一個弧形比較大？
內側的看起來明顯比較大吧？
但實際上，
兩個一樣大。
光用眼睛看很難置信，
剪下來比比看，
你就會知道兩個根本一樣大。

剛才的測試結果如何？

你一直以為正確無誤的想法，很有可能完全不是那麼回事。

要知道，沒有人可以絕對的正確、客觀。

因此，只要「往好的方向看」就好。

我們存在的意義，並不是為了正確的看待事情。

想要正確看待事情，至少要花上一百年呢！

那麼，該怎麼做才好？

不需要追求「正確」，只要「快樂」的看待一切。

就像攝影有各種鏡頭，同樣的風景，透過不同的鏡頭，世界呈現出來的樣子也會截然不同。

攝影家會自由選擇鏡頭，表達出他是怎麼看這片風景。

以往對於痛苦的事，我們只會覺得「不幸」。

但是，我們也可以選擇把眼光轉移到不幸的背後潛藏的希望，看見幸福。

這本書能夠幫助你，在看待事情時有更多樣的選擇，獲得更大的自由。

獻上這本書，願你自由自在的，悠遊於這個世界。

目錄

第2章 金錢的觀點

——成為金錢喜歡的人！

第3章 夢想的觀點
——實現夢想的人都這樣思考！

第4章 反向思考的觀點——負能量也是好能量！

請問，○○是什麼？

練習／少吃一點

不可能的觀點——聽到不行、不可能、放棄吧，你可以這麼想 …… 193

一千人的兩人三腳，挑戰金氏世界紀錄！

原本是這麼計畫，但是到了活動當天，只來了四百名參加者。

距離活動開始還有三個小時。這時候，身為主辦者的你會怎麼做？

練習／面對不可能！辦不到！

第5章 豁然開朗的觀點

——翻轉到昨天為止的人生！

生氣的觀點——理智線快要斷掉時，你可以這麼想 …… 207

接到急件工作，挑燈夜戰了一整夜，

隔天卻接到對方的電話說：「企畫變更了。」努力全白費。

遇到這種會讓人理智線斷掉的情況，你會說什麼呢？

前言

兒子的十三分考卷

事情發生在兒子讀小學的時候。
我看到他在作業本上寫著：

3＋7＝7

這是最不可能犯的錯誤啊！
3＋7＝7
怎麼會寫出這種答案？
數字相加，結果卻沒有增加……

這個致命的錯誤，證明了兒子完全不懂加法的概念，我問兒子：

「數學題目你都看不懂吧？」

兒子回答我：

「沒關係啊，爸爸。」

我還在想是什麼沒關係，兒子接著說：

「考試的時候，我會看後面同學的答案，所以沒關係。」

兒子這番話被媽媽臭罵一頓，我卻暗自深感佩服。

藝術家岡本太郎說過：

「當有兩條路的時候，

勇敢選擇吃虧那條路的，
就是藝術家。」

一般來說，作弊都是偷看隔壁同學的答案。
但兒子卻是看後面同學的答案，他選擇了比較困難的那條路。
原來，我的兒子是藝術家，是創意大師。

但考試成績還是八分、十三分之類的分數，我問兒子：
「作弊還考這麼差？」
兒子這樣回答：
「沒辦法啊，因為後面同學都寫錯了。
哈哈哈！」

這番讓人目瞪口呆的話，再次激怒了老婆大人。

但是我卻認為：「我們家的孩子能笑著原諒對方的錯誤，真是善良。」

又有一次，兒子幫我搥背，我給他十元的零用錢。兒子跟我道謝：「謝謝爸爸。」便握著硬幣往自己書桌的方向走去，回來後跟我說：「爸爸，找錢。」我看他找的錢，竟然是——

一百元。

給十元找一百元。

不擅長算數不是也很棒嗎？

我們家的孩子受人點滴，會十倍奉還呢！

兒子的驚人之舉不只這些，我也常常分享在我發行電子報中，竟然還因此收到四家出版社的邀約：「翡翠先生和令郎的對話很有趣，希望能寫成書。」「希望能寫成專欄。」「想改編成漫畫。」

這些在老婆大人眼裡，都是該好好教訓兒子的事情。但是從我的角度來看，卻成了出版社想要出書的題材。要是書暢銷的話，還可以大賺一筆呢。（雖說如此，該罵還是要罵。在我們家，很自然的，老婆大人負責扮黑臉，我就是什麼都往好處看的白臉。）

面對同樣一件事，你可以生氣，也可以從中找到樂趣，說不定還會因此有意外的收穫。

你怎麼看一件事，會使你的人生大不相同。

即使遭遇挫敗，
即使踩到狗屎，
即使陷入絕望深淵，
即使老婆是母老虎、老公沒出息，
只要改變看待事情的角度，從中找到樂趣，就會做出不同的反應和行為，這麼一來，狀況也會跟著改變。

人生是無聊，還是有趣，
關鍵不在於「現實」，
而是你的「想法」。

我們的想法會影響現實的發展，就像這樣：

「事情發生」→「想法」→「情緒」→

「行動」↓「對方的反應」↓「結果」

也就是說，想要改變「結果」，就要想辦法改變這個過程。以河流來比喻，改變「想法」，就像改變河川的源頭。因為發生的事情已經改變不了了。

改變「想法」，也就是改變看待事情的角度，我們會因此產生不同的「情緒」，採取不同的「行動」，「對方的反應」不一樣，就能夠改變「結果」（現實）。

改變思考，你可以把「最糟」變「最好」！

「讓無趣的世界變有趣，端視一心。」

這是日本幕府末年的維新志士高杉晉作死前所作的俳句。

即使生於無趣的時代，你的心，能讓你活出有趣的人生。

接下來，我會以問答的形式，傳達讓人生快樂一百倍的思考方式。

來試試「觀點檢定」吧！

讀完本書之後，你眼前的風景將會三百六十度大翻轉。

噢，訂正一下，應該是一百八十度大翻轉。

那就開始吧！

第1章

天才的觀點

——聰明人都這樣看事情！

哲學家的惡妻觀點

哲學家蘇格拉底曾說：

「請一定要結婚。

得賢妻，會幸福一生；

得惡妻，就會變成〇〇。」

〇〇是什麼呢？

來看看別人的答案

「變成得道高僧。」——空海（香川）

「變成好丈夫。」——小明（神奈川）

「變成一家之煮。」——鐵馬新星（愛知）

「變得喜歡上班。」——喜一櫻（神奈川）

「要努力讓太太幸福。

因為太太會成為惡妻，

「一定有一段辛苦的過去。」——銅鑼（鳥取）

「會覺得世界上每個女人都很棒。」——水木（東京）

「這輩子都不怕沒哏，
可以用自嘲哏出道當諧星。」——不倒翁（大阪）&阿啟（京都）

「會變得跟翡翠小太郎一樣。」——翡翠小太郎答案之後再慢慢說明，先聊一聊我自己的例子吧。

我的出道作品是《三秒變快樂的名言處方》。

常有人跟我說：「才不可能三秒變快樂。」

但是，我自己就有從不幸當中，三秒變快樂的經驗。

我曾經有過離婚的念頭。

在煩惱之際，我去參加心理學博士小林正觀的演講，讓我的人生發生「革命」。

日本人很擅長追求極致，並以「道」來呈現這個過程，茶有茶道，劍有劍道，書法有書道，在達成「道」之前，要經過一番磨練。小林正觀是將思考觀點昇華為「道」，可以說是「觀點道」本家。

去聽小林正觀的演講之前，我真的很想離婚。

但是，聽了老師的一句話，短短三秒鐘，我心情就開朗起來。

在揭曉這句話之前，先來說說我太太。

在處女作《三秒變快樂的名言處方》出版之際，我高興得不得了，送給太太當禮物。太太隨手翻了翻書頁，說出一句感想：

「這種內容不是很常見嗎？」

對於丈夫的出道之作，說出這種話會不會太直接啦！

而且還不僅止於此，當處女作成為暢銷書，發行了續集，我又把新作品進貢給老婆大人。太太翻了一下就說：

「翡翠小太郎，你沒戲唱了啊。」

怎麼會說出這種話！

很可惜的，事情還沒有結束。我的書在亞馬遜網路書店拿下不分類排行榜第一名，我給太太看電腦畫面，興奮的說：「你看，我是第一名耶！超越傑尼斯寫真集，拿到第一名耶！」

結果太太回了一句：

「不管你拿到第幾名，你在家裡的地位都是最後一名。」

這就是我太太。

如果是你的伴侶，你會怎麼樣？一般而言，都會吵起來吧？

面對這樣的太太，在還沒有聽過小林正觀的演講之前，我一定是回嗆：

「太過分了！我沒辦法繼續跟你生活下去了！」

但是，聽過老師的演講之後，即使被妻子這樣打擊，我也只是笑笑的說：

「你的評語真的很有意思。」

老師在演講中是這麼說的：

「人如果老是被罵，會灰心喪志，如果總是被讚美，又會得意忘形，所以，理想的狀況是一半一半。不管任何人，都應該受到五〇%的讚美、五〇%的批評。」

那我是第一次聽小林正觀演講，當下還認為老師說的不對。因為那時候我從事廣告文案的工作，做得正順手，大多時候都是被稱讚，鮮少有批評或不同的意見。

老師繼續說：

「這番話一定會有人覺得『你錯了』。」

沒錯、沒錯，因為真的不對啊……我就是這麼想的。

「這麼想的人，一定有一個人在你躲也躲不掉的地方猛烈批評你，例如太太。」

！！！

瞬間我的天地為之翻轉，「五〇%」指的不是人數，而是總量。例如有十個人對自己表示讚賞，只有一個人批判，卻是非常嚴厲，這個人通常都在你躲也躲不掉的地方，像是家庭或職場。

我這才發現，自己能夠在工作上得到很多讚賞，都是因為有太太的強力批判。想到她一個人為了我孤軍奮鬥，不禁想抱緊太太，告訴她：

「毒舌老婆，謝謝你總是這樣用力鞭策我。」

在那之後，我們之間幾乎沒有吵過架了。

處女作被老婆形容為「很普通」，我也笑笑的回她：「真像是你會說的話。」我笑了，她也笑了。兩人不會起衝突。

面對同樣的狀況，觀點不同，感受就不一樣。感受變了，說的、做的也會不一樣，人生也就跟著改變。

你知道，從東京羽田機場到沖繩的班機，每天起飛的方向都不同嗎？

有時候往北，有時候往南，有時候往東，有時候往西，沖繩的位置是固定的，但飛機每天起飛的方向卻不一樣。那是因為，飛機要逆風才能起飛，而風向每天都不一樣。

逆風，才能遨翔天際。

我完完全全的承受來自太太的逆風，所以才能展翅高飛。能夠成為作

家，全都仰賴來自太太的逆風。（笑）

差不多也該揭曉答案了。我來介紹以世界三大惡妻聞名於世的蘇格拉底之妻贊西佩。

贊西佩當逆風的功力也相當驚人。（笑）

有一次，贊西佩對蘇格拉底破口大罵，最後還拿了一桶水往蘇格拉底頭上淋。蘇格拉底的弟子見狀，忍不住問：「老師，讓自己的妻子這樣為所欲為可以嗎？」

蘇格拉底回答：

「雷霆之後必有暴雨。」

四兩撥千斤的以玩笑帶過，然後對弟子們說：

「請一定要結婚。得賢妻，會幸福一生；得惡妻，就會變成跟我一樣的哲學家。如果能跟這個人相處，大概跟誰都可以和得來。」

真是幸運，我也能躋身哲學家之列。

你也是嗎？（笑）

以前，有個靈學老師跟我說：

「翡翠先生的運勢是來自於太太。」

「逆風」＝「運勢的累積」。

我不知道這種說法是真是假，但是只要這麼想，心情就會變好，也能夠正面迎向逆風。

經常有人跟我說：「翡翠先生，你已經是暢銷作家，但還是跟以前一樣，還是那麼謙虛，一點也沒變。」

然而事實是——我不謙虛會活不下去。（笑）。

這一切都是太太的功勞。

面對不對盤的人，你可以這麼想

「逆風」＝「運勢的累積」，所以，要感謝他讓你展翅高飛。

「謝謝你的批評。」

「謝謝你讓我展翅高飛。」

「謝謝你讓我永保謙虛。」

練習／感謝悍妻

如果你的另一半總是讓你很挫折，小林正觀建議，可以把丈夫當成「隔壁的大叔」，隔壁的大叔每個月辛苦工作，還把賺來的錢拿給你，不是很值得感謝嗎？（笑）何況做這件事的是自己的丈夫。

也可以把太太想成是「隔壁的大嬸」，隔壁的大嬸每天做飯給你吃，這麼想，是不是就覺得充滿感謝呢？（笑）

人氣作詞家的幸運觀點

一下計程車腳就踩到狗屎！
作詞家秋元康卻感動到無法動彈。
他為什麼會如此感動？

地點發生在洛杉磯，剛下計程車，腳一落地就踩到狗屎……

這時候你會怎麼想？

一般都會覺得「運氣真背」的場面，作詞家秋元康卻感動不已。

「踩到狗屎很感動喔！」

到底是什麼樣的觀點，踩到狗屎還會覺得感動呢？

一下計程車就有狗屎的機率。

再加上精準踩到狗屎的機率。

這兩點都是必要條件。要是打電話請在洛杉磯的朋友來接，不搭計程車，就不會踩到狗屎。或是在小狗經過之前就抵達，那也不會有狗屎。如果只有一個條件成立，踩到狗屎的可能性就不會存在。想到機率這麼低，秋元感動到無法動彈。他說：

「沒有任何人可以踩到這坨狗屎！」

秋元康，你這麼自豪啊！

「實在太了不起了！」

踩到狗屎還能轉念到這種地步，真不愧是秋元康，這是「觀點檢定一級」的思考模式。

秋元康在NHK的節目上接受訪問時提及這個話題，主持人聽了之後問道：

「你有沒有把那個……狗屎清掉？」

秋元康回答：

「我拚命清掉了。」（笑）

秋元康說過：

「愛迪生說，成功是九九％的努力，加上一％的天才；但是以我來說，是九八％的好運，加上一％的天才，以及一％的努力。」

世界上比自己努力的人很多。

比自己有才華的人也很多。

所以秋元康才會說最重要的是「運氣」。

那麼，要怎麼做才能招來好運呢？

其實——

只要認定自己運氣很好就可以了。

連踩到狗屎都覺得感動，是因為秋元康認定自己運氣很好，才會覺得在這麼低的機率下踩到狗屎實在太難得了。

只要認定自己運氣很好，即使沒有成功也不會放棄，「因為我的運氣很好，總有一天會達成夢想。」

秋元康還說：

「所謂的夢想，

就在你用盡全力伸長了手的〇．一公分之後。」

只要不放棄，總有一天會觸碰到〇・一公分之後。能不能堅持到最後，跟覺得自己幸不幸運有很大的關係。只要認定自己運氣很好就可以了。

完全不需要任何根據。

事實上，認定自己運氣好，會引發思考革命。

因為覺得自己運氣好，代表你對自己的未來充滿期待。

也就是說，面對討厭或辛苦的事情、進展不如預期的狀況，如果認為未來等著自己的是好事，那麼這些磨難就不是阻擋未來的「高牆」，而是連接未來的「大門」。

遇到「高牆」，會讓人想要放棄，但如果是「大門」，就有動力繼續前進。這麼一來，終將能抵達〇・一公分之後的終點。

認定自己運氣很好，就會相信，不管中途遭遇什麼事情，最後一定是快樂的結局，未來一片光明。

經營之神松下幸之助在面試的時候一定會問：

「到目前為止，你覺得自己是幸運的嗎？」

不管對方的資歷有多優秀，回答「不幸運」的人一律不予錄用。松下幸之助認為，會說自己運氣很好的人，潛意識中一定是認為「不光是靠自己的力量而已」，對周遭抱持著感謝的心。

你覺得自己是幸運的嗎？

你運氣好嗎？

不管是彈吉他、畫畫、烤出好吃的餅乾，都需要技巧，也需要天賦。

但是，覺得自己運氣很好，不需要技巧或天賦。
而且，也不需要任何根據。
只要認定自己運氣很好就可以了。

之後就是不斷的練習，遇到任何情況都要說：「我好幸運！」就不小心打翻水，你可以說：「我好幸運！如果是可樂的話，就會留下痕跡，萬一是氰化鉀，我早就一命嗚呼了。」（笑）

全力衝刺的結果還是沒趕上電車，你可以想：「怎麼這麼幸運！一大早就有充分的運動。」

或是像今天翡翠家一樣，當我飢腸轆轆回到家裡，發現老婆大人沒有幫我準備晚餐，「運氣真好！可以趁機減肥！」

這樣想，就能夠咬牙忍耐了。（笑）

想招來好運，你可以這麼想

不需要任何根據，
只要認定自己運氣很好就可以了。

練習／吸引好運

雖說如此，對於無論如何都沒辦法覺得自己幸運的人，我特別準備了一套練習。

只要按照下面的方式練習三個月，你就會變成運氣很好的人。

請對著鏡子，看著自己的眼睛，溫柔的說：

「我怎麼這麼幸運！」

看著自己的眼睛說話，就能夠把訊息注入潛意識中。

「我很幸運，而且還很可愛！」

你也可以自己加一些有的沒的台詞。（笑）

持續的祕訣，就是利用早上刷牙或洗澡的時候進行，固定「時間」和「場所」。

就當作被騙也好，就試做三個月看看。

效果非常顯著，敬請期待。

大富豪的致富觀點

在烏龍麵店，
想加點飯糰卻售罄，
這時候，
日本第一大投資家竹田和平，
對店員說了什麼呢？

大富豪想的真的不一樣。

「日本第一大投資家」、「日本第一大股王」，持有股票時價總額高達一百三十億日元！他就是擁有超過一百家上市企業股票的竹田和平。創立竹田製菓，打造暢銷商品竹田小饅頭，達成日本市占率六〇％的時候，他才二十三歲。

以下是顧問本田晃一告訴我的小故事。

本田晃一曾經在竹田和平的公司擔任社長。本田晃一說，他在竹田和平底下工作的時候非常興奮，因為可以就近跟日本第一有錢的大富豪，學習他的投資心法和判斷依據。

但是，竹田和平似乎沒有祕密，在投資方面，他就跟大家一樣看公司的四季報、翻報紙，把資料統整起來。

他也從來沒有談論過要如何賺錢的話題，他想的都是：

「要怎麼為周遭的人付出……」

「要怎麼讓大家開心……」

盡是這一類的。

所以，竹田和平打造了一座城堡，孩子們可以在這裡體驗自己動手做點心，非常受女孩子歡迎。因為是城堡，也提供禮服出租，馬上就能變身為仙杜瑞拉。

讓愛吃點心的孩子更開心，是竹田和平打造這座城堡的出發點。

竹田和平從來沒有談論過要如何賺錢的話題。

他只想著，怎麼做才能讓顧客開心。

這時候，本田晃一的疑問也不一樣了：

「為什麼竹田和平會打從心裡想要付出、分享？」

本田晃一也很了不起，切中問題的核心。

一般而言，大家心裡想的都是「我要……」，為什麼竹田和平先生想的不是「我要」，而是「我可以多做些什麼」？

謎底揭曉——

有一天，兩人在外頭散步的時候，竹田和平看到蒲公英，他跟本田晃一說：

「蒲公英朝著我盛開呢！真是太感謝了！」

究竟有什麼好感謝的？

「矮小的蒲公英會朝上方開花，樹上的櫻花則是朝下方開花，跟人一樣高的向日葵也是朝著我們綻放。花朵總是朝著人開花，還有什麼比這麼更值得感謝的事！老天真的很厚愛我呢！」

竹田和平一邊說，一邊「呵呵呵」的笑著。

竹田和平留意到很多小小的幸福，內心總是充滿感動。

當自己的心靈滿溢，自然就會想要分享。

人生是很巧妙的，如果我們心裡只想著自己，就會覺得只有自己很不幸。

但是，當我們試著分享，很不可思議的，別人和自己都會變得更好。

本田晃一從竹田和平身上體會到這件事。

回到一開始的題目。

事情發生在本田晃一與竹田和平一起去吃烏龍麵的時候。竹田和平想點烏龍麵和飯糰，店員卻面無表情的說：「飯糰賣完了，」然後又接一句：「不過白飯還有。」

簡直是故意要惹人生氣，既然還有白飯，為什麼不能做飯糰！

但是，這種狀況下，竹田和平是怎麼說的？

這當中隱藏著大富豪的祕密。

答案就是……

「真是恭喜你了！」

為什麼竹田和平要說恭喜呢？

如果你知道答案，就算通過了觀點檢定，你可以放下這本書，到外頭去玩了。

答案在五秒後揭曉。

五、四、三、二、一、二、三……

你應該想罵人了吧。（笑）

我就公布答案吧。

東西賣完，代表今天生意很好，值得慶賀，所以竹田和平才會說恭喜！從消費者的角度來看，「缺貨」是「悲慘的事實」，但是從販售者的角度來看，「完售」可是「開心的事實」。

站在對方的立場，為對方感到開心。這就是大富豪看事情的最高境界。

竹田和平認為，願意付出和分享，人生才會圓滿、順遂。站在對方的立場，為對方感到開心，自己的心也會很滿足。其實不需要特別做什麼，小小的蒲公英就讓竹田和平很滿足，吃烏龍麵也很滿足。

本田晃一說，這就是「體會力」。

竹田和平吃完烏龍麵之後，對來收拾的店員說：

「很好吃喔，謝謝你！」

接著站起身來，也對廚房說：

「很好吃喔！謝謝你們！」

當竹田和平要離開的時候，從店員到廚房裡的人全都跑出來送客。

本田晃一跟竹田和平說：

「竹田先生說了這麼多謝謝，在消費七百日元的烏龍麵店，得到了高級餐廳才有的待遇呢。」

竹田和平回答他：

「說謝謝不用花一毛錢，卻能讓大家覺得幸福，『謝謝』這兩個字很有力量喔。」

抱持著感謝的心品嘗烏龍麵，並將這份心意傳達出去，讓店員們也感受到幸福，感謝的循環就這樣形成了。

發現小小的幸福，並且深刻體會。當心靈滿溢，自然就會想要分享，這樣的人也會特別受到老天的眷顧。

宇宙只有一個大原則——整體要越來越繁榮。

要是只追求個人利益的人變多了，宇宙會越來越衰弱，因為這違反了老天的旨意。

為他人著想、分享的意志，才是宇宙的意志。

順著宇宙的意志，人生就會跟著宇宙一起前進。

你選擇順流，還是逆流，抵達的終點將截然不同。

「金錢這種東西，你讓它開心，它就會增加。」

——竹田和平

讓金錢愛上自己，你可以這麼想

只考慮自己時，你只有一個人的力量。
以整體的繁榮為出發點，你就擁有全宇宙的力量！

練習／發現小小的幸福

「我今天很幸福，因為……」
「我今天很幸福，因為……」
「我今天很幸福，因為……」
睡前請像這樣想三件幸福的事。
例如：
「我今天很幸福，因為隨意走進的拉麵店，竟然好吃得不得了。」

「我今天很幸福，因為從窗戶灑進來的陽光，讓人心情大好。」

「我今天很幸福，因為你把這本書當作禮物送給重要的朋友。」（真的很謝謝你，我好幸福！）

像這樣，從今天開始持續做二十一天。

據說持續二十一天，就會養成習慣。

睡前想著幸福的事，很不可思議的，早上起床時的表情會很不一樣。持續做，你一定能體會，一定要試試看。

奇蹟栽培者的敵人觀點

木村秋則成功栽培出無農藥蘋果，
故事還翻拍成電影《奇蹟的蘋果》，
在他的長年研究之下，
最後到達的境界是「沒有〇〇」。
請問，〇〇是什麼？

過去從來沒有人種出無農藥的蘋果。首次栽培成功的，就是木村秋則。但是在過程中，木村秋則遭逢無數挫折。為了取代農藥，他噴灑稀釋的醋、牛奶、芥末、大蒜，調整濃淡比例，什麼方法都試過了，第一年沒有結果、第二年沒有、第三年沒有、第四年沒有、第五年還是沒有……五年間，他沒有收成任何一顆蘋果，連見到蘋果樹開花也沒有。

木村秋則晚上還得在酒店當招待，打工賺錢，不過還是難以支撐家計。木村太太曾經把一個橡皮擦切成三塊，給當時讀小學的三個孩子，鉛筆也是用膠帶把三截短短的鉛筆接起來使用。後來連孩子的午餐費也繳不出來，餬口都成了問題。

正當木村秋則想要放棄的時候，反而被孩子們罵了：

「你想想我們是為什麼才會這麼窮！不准放棄！」

電影《奇蹟的蘋果》中有這麼一段台詞：

「如果我在這裡放棄了，人類也就放棄了。」

但是到了第五年，蘋果樹的枝幹開始搖搖晃晃，隨時都有可能枯掉……

有一次，他看到孩子寫的作文，題目是「父親的工作」，孩子寫道：「父親的工作是種蘋果，可是，我一次也沒有吃過父親種的蘋果。」

從那天開始，木村秋則失去了笑容，也變得沉默。他不跟太太說話，連跟孩子眼神交會都覺得痛苦。

「我不能再給家人添麻煩了。我的家就像是關上了電燈一樣，一片黑暗……」

在被絕望淹沒之下，他帶著準備上吊自殺的繩子，來到附近的岩木山。那是個月色皎潔的夜晚，他把繩子拋向樹枝，但是沒勾到，繩子掉落地面，在撿起繩子的瞬間，映入眼簾的竟然是——蘋果樹！

「為什麼這種地方會有蘋果樹?」

他跑上前去確認，沒錯，真的是蘋果樹。山裡的樹都沒有使用農藥，也有很多小蟲，但是卻不會生病。挖開底下的土壤，土質鬆軟，仔細聞，還有一種無法形容的香氣。這是山中土壤的氣息。

在那一瞬間他領悟了——

培育蘋果的是土壤!

只要做出這種味道的土壤就好了!

田裡的土往下挖十公分，溫度就會降低六~八度，但是山裡的土不管挖得再深，都是溫暖的，往下挖五十公分，跟地表的溫差也只有一~二度。這種鬆軟而溫暖的土壤，不是堆肥養出來的，而是雜草，以及住在裡面的小蟲和無數的微生物。抓起一小搓的土壤，裡頭就有一千億個細菌生存。所以山裡的樹不需要任何人來照顧，就能夠結實累累。

從那天起，木村秋則開始研究能讓蘋果樹生長的土壤和微生物。

直到某一天，隔壁田地的主人跑來木村家。

「木村先生，你看到了嗎？快去田裡看看！」

木村秋則和太太兩人飛也似的跑出去，但是實在沒有勇氣走進蘋果園，就躲在一旁的農具棚裡，遠遠望著自己的田地。

眼前是一片雪白！

蘋果花競相綻放，雪白的花朵覆蓋了整座果園。

這時，木村則就眼前的景色漸漸變得模糊，因為眼中已滿是淚水……

歷經八年的歲月，終於成功栽培出無農藥蘋果。木村秋則最後的發現是什麼？

那就是——

沒有敵人。

看到蟲子吃蘋果葉，就說蟲子是害蟲，木村秋則發現，這種想法是錯的。他說：

「自然界中沒有善惡，所有生物都是為了生存而拚命。不管是哪種生物，在生態系中都有被賦予的任務。」

「蟲子和疾病不是原因，充其量只是結果。蘋果樹不是因為蟲子或疾病而衰弱，是因為蘋果樹已經變弱了，才會引來蟲子和疾病。這是蟲子和疾病給我的啟示。」

例如，當果園出現大量蚜蟲，是因為肥料下太多，造成氮過高，蚜蟲才會跑來吃多餘的養分，這都是有原因的。

山裡的樹沒有害蟲，蝴蝶、蚱蜢、金龜子、雜草，沒有一樣東西是不應該存在的。生命的循環在這裡就看得到。

觀察自然界生命的循環，就會明白，只有調和，沒有善惡。對土壤使用肥料和農藥，反而把土壤中的微生物生態系給破壞殆盡。

關於自然栽培的出發點，木村秋則是這麼說的：

「沒有敵人，
這就是我的栽培法的出發點。」

農家會認為，吃蘋果的害蟲是敵人，其實，這種想法才是最大的敵人。

順道一提，木村秋則之所以會挑戰以無農藥的方式栽培蘋果，是希望能減輕太太的負擔。因為太太對農藥嚴重過敏，皮膚過敏的時候，連洗澡都沒辦法。

最後來閒聊一下。我吃過木村秋則的蘋果，印象最深的是後味，吃完之後嘴裡還留有果香，相當爽口。（那一定是奇蹟的味道！）蘋果切開後也不會變色，這就是蘋果原本的力量吧。

賭上自己的人生，一心一意研究蘋果的可能性，最後領悟到的真理不是蘋果，而是土壤，這實在很有意思。

這道理也可以應用在我們的人生。

想要激發自己無限的可能性，最重要的是什麼？

對你來說，滋養你成長的土壤是什麼？

沒錯，就是現在在你身邊的人。

如果你是蘋果，土壤就是在你身邊所有的人。親切對待你身邊的人，就是在耕耘你的土壤。

我讀過木村秋則的書，也聽過他的演講，他一而再、再而三強調：

「不是我很努力，是我的家人很努力；不是我很努力，是蘋果樹很努力。」

就像孕育蘋果的是土壤一樣，讓木村秋則完成使命的，是家人的力量，還有蘋果樹。

「生存是互相支持，
和被支持。」

——木村秋則

把敵人變朋友，你可以這麼想

敵人，是讓自己回歸「原點」的美妙存在。
就像蟲子對於蘋果來說是必要的一樣，
敵人正好能讓你了解什麼是必要的。

練習／讓敵人自動消失

我來介紹一種稱為「空椅子」的想像練習。
請準備兩張椅子，兩張椅子面對面擺放，距離稍微拉開。
你坐在其中一張椅子上，想像你討厭的人就坐在對面。首先，把你對他的感覺全部不假修飾的說出來，這是你真實的想法，要說壞話當然也沒問題。

接下來，坐到對面的椅子上，想像你是對方，從對方的角度看自己，站在對方的立場對自己說話。

接著，站在一旁，看著這兩張椅子，從客觀的角度看自己和對方，你感受到什麼？

最後，再一次回到自己的座位上。體驗過各種立場，再次回到自己的觀點，你對對方的印象有什麼變化？

想要改善關係，你要傳達什麼訊息給對方？

要怎麼做才能達成目的？

請把你的想法告訴對方，實際付諸行動。

「立場」一詞，就如同字面上的意思，是你站立的場所。

站立的場所不同，觀點也會改變。

第2章

金錢的觀點

——成為金錢喜歡的人！

編劇家的悲劇觀點

朋友背負一億日元的債務，
一天會接到兩百通的催收電話，
非常痛苦。
這時候，你會怎麼鼓勵他？

來看看別人的答案

「活著就是賺到了。」——明石家秋刀魚

「沒問題的，
沒有過不去的難關。」——麻子（鳥取）

「當你超越困境，
會變成多麼偉大的人！
我都感動到要發抖了。」——otoshimon（京都）

「要不要錄一段語音信箱的問候語：

我現在出去上班了，
我會努力賺很多錢，
請給我多一點時間。」——不倒翁（大阪）

「你就把電話線拔掉嘛！」——優衣丸子（神奈川）

「要是借十億日元的話，
就會有兩千通催收電話。
還好只有借一億日元！」——川村尚吾（神奈川）

「當然要把翡翠先生的這本書送給你！」——森雄貴（愛知）

編劇鈴木修的雙親經營運動用品店，因為接連遭逢事故而債台高築，金額高達一億日元！包括銀行貸款五千萬日元、消費性貸款三千萬日元，還有地下錢莊兩千萬日元。當鈴木修回到老家時，每天都會接到兩百通催收電話，而且利息越滾越多，最後光利息就有一億日元，合計欠了兩億日元，

當時鈴木修才二十五歲，做電視編劇，根本償還不了上億日元的欠款，但也不能丟下父母不管。

慘了。

這可不是鬧著玩的。

這下完蛋了。

把工作辭了，跟家人去躲債好了……

鈴木修怕到無法去上班，請了一個星期的假。富士電視台的製作人打電

話來問，鈴木修才一五一十的說出他的慘況。

這時候，製作人說了一句話，就是這句話讓鈴木修的人生出現大革命。

「下個星期先來開會，把這件事說給大家聽，說得有趣一點。」

說得有趣一點？

怎麼可能？

這個人腦袋有問題嗎？

每天接到兩百通催收電話，這麼恐怖的事情，真的不是開玩笑的，可是製作人卻要求把這件事當笑話來講。

無計可施之下，鈴木修出席了會議，把這件慘事盡可能用開朗的方式說給大家聽。結果戳中笑穴，大家都笑了。

「怎麼會這樣？」

對自己來說這麼痛苦的事，但是在其他人眼中卻是這麼有趣！

聽到大家的笑聲，他也開始想：

「先努力還錢吧。」

不逃避，正面迎向命運，鈴木修就在這一瞬間下定決心。

先前那位製作人對他說：

「我沒辦法給你錢，但我可以給你工作。」

下定決心之後，接下來，就只能努力把手邊的工作一件一件完成。在這個過程中，鈴木修的能力有了爆發性的成長。

全家人齊心協力之下，鈴木修三十歲的時候就把負債還清，連本帶利，還了兩億日元！

在逆境中，鈴木修的潛能被激發，他現在是超人氣編劇，《SMAP×SMAP》、《超級×2厲害！》這些當紅節目都有鈴木修參與。

說到缺錢的話題，再來舉藝人島田洋七的例子。

島田洋七孩提時非常貧困，還曾經跟阿嬤抱怨：

「阿嬤，已經兩、三天都只有白飯，沒有菜可以配耶！」

沒辦法餵飽孫子，阿嬤一定很辛苦。

但是面對這種場景，阿嬤卻說：

「明天連飯也沒有喔！」

島田洋七和阿嬤四目相望，大笑了出來。

島田洋七在那個瞬間接受了現實。

喜劇之王卓別林曾說過：

「人生近看是悲劇，遠看是喜劇。」

站在自己的角度看起來是悲劇，但是退後一步看，就會發現是喜劇。

作家中谷彰宏是這樣說的：

「銅牌是給開心笑著的人；

銀牌是給經歷沮喪，重新振作、再度笑著的人；

而金牌是給就算沮喪時也能笑著的人。」

在困境中還能笑著面對，你就是人生的金牌選手。

對於自己的悲劇，你可以這麼想

悲劇，是讓周圍的人發笑的素材。

練習　將討厭的事一笑帶過

不管事情有多讓人厭煩，只要是別人的事，就能輕鬆以對。

所以，只要把自己的遭遇當成是別人的事就好了。

要當成是別人的事，方法是將自己的遭遇盡可能開朗的說出來。

說出來，能夠讓自己得到釋放。

就像談論別人的事一般，述說自己的慘況，博君一笑。看到別人笑了，自己也笑了，心情就會變得輕鬆許多。

把自己的遭遇當成別人的事來說，我們可以藉此俯瞰自己的人生。

順道一提，我有個朋友綽號叫「狀況外」，是個大暴牙，每次喝水的時候，都會說：「我的門牙有點乾。」逗得身邊的人哈哈大笑。

把自卑感當成別人的事來看，就成了搞笑的話題。

就用你的自卑感和遭遇的慘況來搞笑一下吧。

搖滾天王的負債觀點

搖滾天王矢澤永吉，
被信賴的部屬欺騙，負債三十億日元，
覺得自己的人生已經沒有指望……
後來他發現，只要把事情想成是○○，
一切就豁然開朗。
請問，○○是什麼？

上一篇是一億日元債務逆轉勝的例子。那，如果是三十億日元呢？

他是家喻戶曉的超級巨星——日本搖滾天王矢澤永吉。

學生時代，我跟朋友到中國旅行時，我在飛機上讀了矢澤永吉的傳記《反敗為勝》。我讀得入迷，抵達中國的時候，彷彿矢澤永吉上身，花起錢來毫不手軟，最後兩天連住旅館的錢都沒有，只能睡在飯店大廳，是有點苦澀的回憶……

還是回到主題吧。這是矢澤永吉很有名的小故事。

事情發生在一九八七年。那時候，矢澤永吉愛上擁有豐沛自然的澳洲黃金海岸，考慮在那邊設立據點，夢想著以後能成立世界級的錄音室或音樂學校。

澳洲的事業就交給他信任的兩個部屬去處理，但是他們卻利用矢澤永吉的公司暗地裡做別的勾當。每個月的財報都是假的，連銀行分行長的簽名都是偽造的。最後，矢澤永吉成了受害金額高達三十億日元的苦主。

不是自己借錢，而是被騙才造成的負債。

而且是三十億日元！

一般上班族工作一輩子大概賺兩億日元，所以是十五倍的金額。

加上遭到親信背叛的精神打擊，矢澤永吉被徹底擊垮，一蹶不振。

他每天借酒澆愁，認為自己「已經完了」、「已經完了」、「已經完了」、「已經完了」……每天這樣意志消沉，漸漸變得像個傻瓜。

突然有一天，他靈光一閃——

「把這想成是電影就好了！」

的確，電影最不可或缺的就是主角被逼入絕境的場面。

矢澤永吉接下來的行動真的很讓人佩服。

他開演唱會、開演唱會、開演唱會！
然後再開演唱會、開演唱會、開演唱會！
然後繼續開演唱會、開演唱會、開演唱會！
在周而復始的開演唱會中，他把三十億日元的欠款都還清了！

也因此，矢澤永吉才成為現在的「矢澤永吉」。
人生最大的目的，不是富可敵國，也不是功成名就。
人生最終的目的，是讓自己成為自己，成為最好的自己。

矢澤永吉成了矢澤永吉，這是價值超過三十億日元的禮物。
矢澤永吉先生現年六十五歲，臉部線條剛毅有型，光是臉龐就訴說著故事。那是通過種種試煉的男人的臉龐。

「我有些話想跟大家說，
不管是被裁員，
還是負債累累，都有它的意義。
雖然很痛苦，但死了就什麼都沒了，
所以，就好好扮演你的角色。
改變觀點，
心情也會跟著改變。」

——矢澤永吉

據說迪士尼電影的創作者，一開始會先思考能讓主角不幸到什麼程度。
因為主角在困境中會如何成長，才是故事有趣的地方。
驚悚電影大師希區．考克有句名言：

「把人生無聊的部分剪掉，就是電影。」

也就是說，人生如戲。
電影中，最讓人花心思的角色是「主角」。
狀況最多的是「主角」。
狀況最少的是「路人」。（笑）
而沒有煩惱、從一開始就很強的角色是「反派」。

你知道為什麼這麼痛苦的事情會發生在你身上？
沒錯，因為你是主角！

在電影中，為了讓主角更閃耀，必須讓他通過種種考驗。主角與敵人的攻防，就是一部電影中的「高潮」。

要是電影的主角設定沒有試煉、沒有煩惱，這樣的劇本一定很快就被打回票，因為根本不會有人想要參與。

誰不想當賣座電影的主角？

好萊塢知名編劇溫德．威爾曼（Wendell Wellman）就曾說過，一部好的電影，主角會做出三次錯誤的選擇，這稱為「The Magic 3」。

第一次選擇就順順利利的電影很無聊。

也就是說，你的人生如果一部是賣座電影，那麼至少要失敗三次以上。

如同《鐵達尼號》一樣，許多賣座電影，即使結局並非皆大歡喜，一樣能打動人心。

光是美好的結局、順利實現夢想，並不構成感動的要素。不管是什麼樣的狀況，都能勇敢、真摯的面對，這種態度才真正讓人動容。

你的人生，這部電影的觀眾席上坐著誰？是上帝。

「糟了，他完了……」

「真沒想到，在這種狀況下，他還有這招！實在太感動了！」

你不想讓上帝這麼想嗎？（笑）

那就努力大幹一場，讓上帝嚇一跳吧。

最後，再跟各位說一個好消息。在電影中，只要通過試煉，一定有人在終點等著你，給你一個大擁抱。

努力演出這齣名為人生的電影吧！

關於人生，你可以這麼想

把人生當成一部電影。
自己是「主角」，敵人是「配角」。
而試煉，就是贏得觀眾掌聲的「高潮」。

練習／從三幕劇結構看人生

過去策畫一項為期一年的活動時，一位電影導演朋友畫了一張像下頁一樣曲線圖，給我一些建議。

這張圖是前面提過的好萊塢編劇溫德．威爾曼提出的情節曲線圖，電影大致都是採用像這樣的三幕劇結構。而現實人生，基本上也是朝著這樣的模式發展：

情節曲線圖

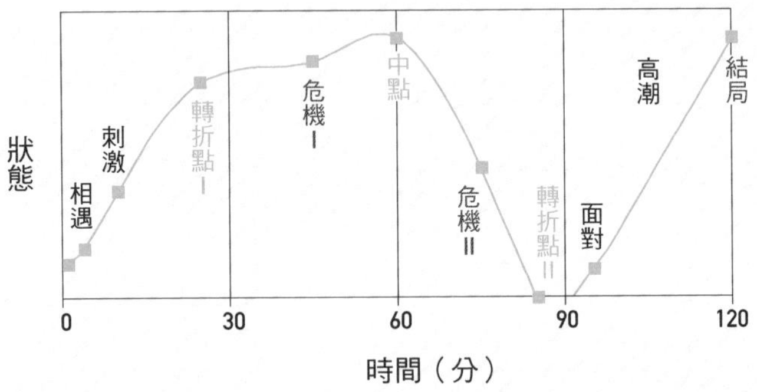

by Wendell Wellman, via Wikipedia

第一幕——設定（一開始的三十分鐘）

第二幕——對立（接下來的六十分鐘）

第三幕——高潮（最後的三十分鐘）

三幕的結構比例是一：二：一。

一年的活動，會依照著這張曲線圖發生大大小小的事件：第六個月左右開始有大問題浮上檯面，第九個月左右會遭遇最大的危機。電影導演朋友已經先預言了第三幕會有高潮。

確實，就在第九個月發生重大的人際關係問題，掀起驚濤駭浪。因為我已經做好心理準備，當試煉到來時，就不會唉聲嘆氣：「為什麼會這樣？」反而會想：「接下來就要進入高潮！」

因此，當試煉到來時，請回想一下這張曲線圖。試煉來了，就代表快要進入高潮了。

好萊塢編劇布萊克．史奈德（Blake Snyder）以辯證法分析三幕劇結構：

第一幕——舊世界（正）

第二幕——對立的世界（反）

第三幕——新世界（合）

也就是說，當出現跟你價值觀完全相反的人（反派），經由衝撞，你的世界觀將會煥然一新，於是，新世界誕生！

所以，當反派角色出現的時候、當試煉到來的時候，你要說的台詞應該是：

「越來越有意思了！」

宮崎駿的麻煩觀點

動畫導演宮崎駿總是跟年輕的工作人員說，
製作電影有三大原則——
第一是「有趣」，
第二是「有價值」，
第三是什麼呢？

我在電視上看過節目介紹宮崎駿導演製作動畫的現場。

宮崎駿導演一邊抖腳，嘴巴不斷嘟囔著讓人吃驚的話：

「真麻煩！」

「怎麼這麼麻煩！」

「事情這麼麻煩，該怎麼辦？」

「沒有比這更麻煩的！」

完全是「麻煩」大暴走。

他最後說：

「重要的事，都是很麻煩的。」

一個動畫師畫了一個星期的圖，做成動畫只有五秒鐘。也就是說，動畫師勞心費神、挑燈夜戰一整年，也只能做出四分鐘左右的動畫。

一部兩小時的電影，至少要花上兩年的時間製作。而且宮崎駿導演對圖很堅持，會要求一再修改。如果還是畫得不理想，他也會代替工作人員親自操刀作畫，絕不妥協。不斷反覆這種讓人快要神智不清的作業。正因為如此，製作電影如果沒有堅強的意志力，是無法完成的。

回到一開始的問題。

宮崎駿導演製作電影的三大原則，第一是「有趣」，第二是「有價值」，那第三呢？

我就開門見山的說——

「要能賺錢」

第三點有點讓人意外吧？

但這是理所當然的。吉卜力工作室製作一部動畫，需要動用四百～五百位工作人員，人事費用相當龐大。所以電影上映，絕對不容許叫好不叫座。

導演的壓力之大超乎想像。要是這部電影沒有大賣，就沒有下一部了。

說到賺錢，有些人可能會有不太好的印象。

但如果把「金錢」換成「觀眾的掌聲」，就可以體會賺錢有多重要。

正因為如此，宮崎駿導演的三大原則是——

「有趣」
「有價值」
「要能賺錢」

但是，宮崎駿導演曾有一次破壞自己訂下的原則。

那部片是《龍貓》。

《龍貓》和宮崎駿導演的前輩兼盟友——高畑勳導演的《螢火蟲之墓》同時上映，也就是說，不用一個人承擔所有的票房壓力，壓力只有一半。

製作人鈴木敏夫說，從來沒見過宮崎駿導演工作時這麼愉快，還會和工作人員開心的聊天。

在愉快的工作氣氛下推出的處女作《龍貓》，結果如何？

快樂的結果是——一蹋糊塗。

鈴木敏夫先生說，在吉卜力所有的作品中，《龍貓》是觀眾最少的一部。

果然，太享受還是不行的……

但之後情況有了戲劇化的轉折。

《龍貓》在戲院上映時沒有引起話題，但是在電視播映時卻人氣大爆發，連玩具廠商都注意到龍貓的魅力，想製作龍貓玩偶。吉卜力從來沒想過要推出角色商品，結果，第一次推出角色商品就大受歡迎。最後，《龍貓》成為吉卜力史上收益最高的作品，而且幾乎囊括當年度的電影獎項。

在享受的前方，還有奇蹟式的逆轉在等著。

所以，我要在「有趣」、「有價值」、「要能賺錢」這三大原則之外，再追加一項——

「要很享受」

享受的祕訣是什麼？

隨便敷衍完事，叫輕鬆，不是享受。

認真挑戰，做出超越「有趣」、「有價值」、「要能賺錢」，這三道屏障的作品，努力才有意義，也才會讓人覺得享受，而那應該也是非常麻煩的事。

也就是說，「麻煩事」也是「享受」的一部分。

拿自己當例子有點不好意思，我在寫這本書的時候，一開始是這樣拜託編輯的：

「請不要客氣，盡量在原稿上批改，用紅筆把不行的地方挑出來。」

不要挑錯當然比較輕鬆愉快，要是挑出一大堆有問題的地方，也會讓人很難過。

但是，我的生存目的不是過得輕鬆，也不是尋求不被打擊。

我的生存目的，是寫出能夠打動讀者心靈的作品。

挑戰這個目標，是非常「享受」的過程。

「輕鬆」和「享受」是截然不同的兩件事。

那麼，面對麻煩事，怎麼樣才能充滿熱情？

答案就在宮崎駿導演的這句話裡——

「我不是為了自己製作電影，

我是為了孩子而做。」

宮崎駿導演想將「這個世界充滿著各種有趣事物」的信念，傳達給誕生於這個看不見未來的時代的孩子們，一本初衷的為孩子製作電影。

宮崎駿導演在兒子三歲的時候，就製作給三歲孩子看的電影；當兒子上小學了，就推出以小學生為對象的電影。當自己的孩子長大成人後，他的對象也改變了，例如《神隱少女》就是為了朋友的女兒而做的電影。所有的作品都是獻給身邊重要的人，所以不能偷工減料，即使如此麻煩。

當孩子出現「人為什麼要活著」的疑問，就把問題交給「魔法公主」來解答——

「即使有憎惡或殺戮，
也有值得活下去的理由。
因為會有美好的相遇和美好的事物存在。」

你是為了什麼而做？
你會為了誰而做？

只要釐清了這個問題，再麻煩的事，你都可以承受。

「麻煩事，通通放馬過來！」

真正的享受、最大的樂趣，就是看到那個人的笑容。

「希望聽到孩子說：能誕生在這個世界上真好。我是抱持著這樣的心情在做電影。」

——宮崎駿

遇到麻煩事，你可以這麼想

麻煩事也是享受的一部分。

練習／建立自己的風格

我喜歡的那家拉麵店，老闆每天一大早六點就到店裡，花四個小時手工擀麵。麵糰怕乾，所以不能開冷氣，夏天擀麵的時候，一天要換三次T恤。

很多拉麵店都是跟製麵廠訂購麵條，雖然這樣就可以擺脫每天四小時的擀麵苦工，但是這家店卻不這麼做。實在很麻煩！

我常去的按摩店，每次都會送我一張充滿心意的手寫卡片。實在很麻煩！

我的朋友繪本作家信實，一部作品完成之前，會反覆閱讀、修改一千遍以上。實在很麻煩！

你現在的工作越是麻煩，就越能夠展現你的風格，吸引客人，因為這是其他公司無從模仿的。

能夠做到多麻煩，你的風格和個性就越鮮明。

你想讓誰開心？

為了那個人的笑容，全力以赴。

這時候，「麻煩事」就是你「存在的意義」。

沒錢的觀點

在「Global Rich List」網站上，
輸入自己的年收入，
網站就會根據你輸入的數據，
列出你在世界上的收入排名。
你認為，你的收入會排在第幾名？

覺得錢太少的人、覺得時間不夠用的人、覺得休假不夠多的人，請舉手。

如果我說，這些都是你的「錯覺」，你覺得我是在開玩笑嗎？

我們老是把沒錢掛在嘴邊，試試在「Global Rich List」（http://www.globalrichlist.com/）網站上輸入自己的年收入。

輸入你的年收入，網站就會列出你在世界上的排名。這是以六十億地球人為對象，採用世界銀行研究團隊精算的數值。

假設你的年收入是一萬美元，你已經是世界前一六％的有錢人了。

你是大富翁！（笑）

時間也是如此。

如果你老覺得自己時間不夠用，不妨古今對照看看。

一百五十年前，日本幕府末年，當時沒有汽車、沒有飛機，當然也沒有新幹線，維新志士坂本龍馬要去商討事情的時候，雖然可以搭船，但基本上還是以走路為主。從坂本龍馬的故鄉土佐（四國的高知縣）到江戶（東京），走路的話，大概要花上三十天。

但是現在，東京和高知之間，搭飛機只要七十五分鐘就可以抵達，也有手機和 e-mail，想和對方說話的時候，○・一秒就能連繫上。此外，出版和各式訊息的流通，不用特地見面，也能夠了解對方的想法。

再往前追溯至日本繩文時代，西元前一萬年～西元前四百年左右，人類的平均壽命大約三十歲。從這一點來看，我們的時間跟以往相比可說是多了好幾倍。

人類史上，時間最多的就是你。

知名環境學家達娜・梅多斯（Dana Meadows）曾經提出「如果世界是一百人村」的概念，她說過——

地球最基本的法則，就是「足夠法則」。
而足夠就是「恰到好處」。

恰到好處的享受眼前所有的事物，那麼，在這一瞬間，世界就沒有「不足」。

《金錢的靈魂》（*The Soul of Money*）作者琳恩・崔斯特（Lynne Twist）認為：

盲目追求的行為背後，
其實，我們需要的東西，早已擁有。

「不對，世界上還有人因為飢餓而死亡。」你或許會這麼說。

但是，如果放下「武器競賽」，現在光是花在軍事上的錢，就足以消滅世界上的貧窮。

有一次，我搭新幹線去大阪時，我必須在車程中把一本工作上一定要看的書讀完，一直處在「沒時間了、沒時間了」的焦躁中。就在這個時候，我不經意發現，從車窗照射進來的陽光是如此溫暖。

即使處在「沒時間了、沒時間了」的焦躁中，溫暖的陽光和愉悅的心情，其實我早已擁有，它一直存在。

當我們覺得「擁有」，心就會產生空間，一下子變得溫暖。

如果大家都能這麼想，光是這樣，地球就會改變。

你用功的目的是什麼？

你看書的目的是什麼？
你追求成功的目的是什麼？
你想要更多、更多的理由是什麼？

因為你想要更幸福吧？
你希望每天都有好心情吧？

如果是這樣，其實你現在就辦得到。
只要你把眼光投向已經擁有、甚至滿溢的地方。

著眼於你沒有的東西，就會心生不滿。
著眼於你擁有的東西，就會心懷感激。
著眼於你沒有的東西，三秒就會變得不幸。

著眼於你擁有的東西，三秒就會變得幸福。

幸或不幸，就看你目光看向何處。

佛陀曾跟弟子們說：

「將肯定的意念貫注到自己的內在，人生和世界就會更寬闊。」

執著於你所沒有的東西，匱乏的世界就會擴大。

但是，當你把目光轉向擁有的東西，滿足的世界就會擴大，端視你的怎麼看。

當我們看見擁有的東西，世界在那一瞬間就會改變，真的會改變。

就讓我們終結匱乏。

就從你開始做起！

「我們需要的東西
已經很充足，
但我們的欲望
永遠無法滿足。」

——甘地

「除了你沒有的東西之外，你什麼都有。」

——拉麵男

拉麵男是漫畫《筋肉男》中的角色，應該從來沒有人會把他和印度聖雄甘地相提並論吧！（笑）

覺得自己沒錢、沒時間，你可以這麼想

匱乏只是你的錯覺。（笑）

練習／看見擁有的東西

練習1

在筆記本上寫下眼前理所當然的存在、但沒有會很困擾的東西，盡量多寫一點。

例如，如果有人跟你說：「我用一百億元跟你買兩隻眼睛、鼻子和雙腳。」你要賣嗎？

應該很少人會答應。

我們擁有很多即使給一百億元也不願讓出的東西。

練習 2

你現在擁有的事物當中，舉出三項你最不想失去的。

例如，家人、朋友，或是工作……

你現在不就擁有嗎？

你現在不是很幸福嗎？

幸福，不是追尋，而是發現。

第3章
夢想的觀點
——實現夢想的人都這樣思考！

夢想的觀點

——日本冠軍篇

日本冠軍格鬥家們有一個共通點，
那就是會忘記冠軍腰帶收在什麼地方。
為什麼呢？

來看看別人的答案

「達到忘我的境界，才是真正的格鬥家。」——宇宙工作者（島根）

「因為心思都放在下一條腰帶。」——信實（東京）

「因為對過去沒興趣。」——中居奈緒（愛知）

「因為看見腰帶，會沉溺在奪冠的氣氛中，而怠忽練習。」——阿彩（石川）

「因為掛在額頭上。

（就跟找不到眼鏡的人一樣！）」——伊藤順子（北海道）

「其實他想開拉麵店。」——otoshimon（京都）

我從作家森澤明夫那裡聽到很不可思議的私房話。

森澤明在格鬥技雜誌上有專欄連載，內容是訪問泰拳、柔道、空手道的日本冠軍得主。每次採訪不同的冠軍得主，他發現，很多冠軍得主都異口同聲的說：

「冠軍腰帶不知道收到哪裡去了……」

你一定覺得很誇張吧！

竟然連冠軍腰帶放在哪裡都不記得。（笑）

這種選手很多，森澤明一開始也覺得很不可思議，但是漸漸的，謎題解開……

因為冠軍選手們都很不會整理東西？

才不是這個理由！
也不是因為他們想開拉麵店。（笑）
但為什麼會忘記呢？
因為他們不會執著於日本冠軍。

成為日本冠軍的選手，
接下來是以世界冠軍為目標。

日本冠軍只是一個過程，所以對冠軍腰帶也就不會太在意，很多人連收到哪裡都不記得了。

了解這一點，就能夠明白實現夢想的方法。
很多人把想實現的夢想當成目標、終點。

但是，不把夢想當成「終點」，把夢想當成「中繼點」，夢想就會實現。

把「終點」視為「中繼點」，繼續描繪夢想的下一步。跟空手劈瓦片的好手一樣，不把焦點放在瓦片上，而是想像要劈開瓦片底下的東西，用力一劈，瓦片便應聲而碎。

日本幕府末年，比任何人都會描繪夢想下一步的，就是坂本龍馬。坂本龍馬為武家社會掀起革命，帶來現代化，但是卻沒有把自己列入新政府的官員名冊中。賭上性命完成革命，最有功勞的人卻在新政府中沒有一官半職，這在世界各國歷史上都是前所未見。

西鄉隆盛問他：

「你不想在新政府當官，那你到底為了什麼這麼拚命？」

坂本龍馬回答：

「我想成立橫跨世界的海援隊。」

在那個時代，只有坂本龍馬已經在擘畫夢想的下一步。推翻江戶幕府，讓日本成為一個自由的國家，就可以搭乘黑船，在七大洋之間進行貿易。

也就是說，推翻江戶幕府，並不是坂本龍馬的目的，這只不過是中繼點。橫越七大洋的冒險，才是他的夢想。

在那個時代，坂本龍馬走得比誰都還要前面。

關於夢想，你可以這麼想（之一）

達成夢想後，會變成怎樣？

再進一步往前看。

練習／描繪夢想實現之後

我的朋友柳田厚志，夢想著有一天跟家人住在靠海的地方，有最漂亮的海浪，每天過著一邊工作，一邊享受衝浪的生活。

不是每年休兩次假到國外衝浪，而是像呼吸空氣一樣，每天都可以享受衝浪。一般的上班族當然不可能，因此，一定要創業，而且工作時間要有彈性。

柳田厚志已經想好未來要過什麼樣的生活。

旅行也是要從決定目的地開始。

我遇見柳田厚志的時候，他還是年收入三百萬日元的出版社菜鳥。幾年後，他離職創業，一點一點的逐步朝著這樣的生活型態前進，最後終於實現夢想。

他住在離湘南海岸走路只要幾分鐘的獨棟房子，當浪來了，就把工作丟在一邊，盡情的衝浪。

他現在是營收上億日元的製作人，在網路業界有「幕後黑手」之稱。

很多人在訂定目標時，都是想著「我要做○○」、「我要買○○」、「我要達成○○」，不管你的夢想是什麼，但要是生活過得不開心，那就是本末倒置。所以，柳田厚志把目標訂成「享受衝浪」的生活型態。

夢想實現之後，你想要過什麼樣的生活，這就是生活型態。
你也來描繪夢想實現後的理想日常生活吧。

你要住在哪裡？
房子裡有什麼？窗簾的顏色呢？
有什麼樣的桌子和什麼樣的餐具？
你和誰住在一起？
穿什樣的衣服？
幾點起床？
過什麼樣的生活？
做什麼工作？

仔細描繪夢想實現後的理想日常生活，如果這個生活型態跟現在有所不同，就從你目前能做到的，不管事情多小（例如窗簾的顏色不同），一點一點的改變它。

一點一點的連結上這個次元的未來，慢慢的，就能交織出你理想中的生活。

夢想的觀點

——繪本作家篇

人氣繪本作家信實，
有個看得見靈氣的老師跟他說：
「你的靈氣是紅藍分明的喔。」
他回答：
「也就是金色的囉！」
為什麼他會這麼說？

信實為什麼說是金色的？

這段對話如何繼續下去？我就把信實和靈氣老師之間的對話重現給大家看吧。

「不是金色的，信實先生的靈氣是紅藍分明的。」

「那就是金色的囉！」

「就跟你說不是金色，是紅藍分明！」

「啊！老師的靈氣也是金色的。」

「咦？你也看得到靈氣？」

「是啊，老師的靈氣是很漂亮的金色喔！」

聽到信實這麼說，老師露出有點開心的表情。

信實接著又說：

「聽到自己的靈氣是金色的，很開心吧？所以，我決定自己的靈氣是金色的，這樣心情會比較好。」

比事實具有更大影響力的，是「自己的想法」。

信實不僅是繪本作家，還是日本出版界的紀錄保持者。他在三十五歲的時候就已經出版超過一百五十本繪本，在日本出版界，是最年輕就達到如此出版量的作家。

他原本是池袋街頭混混的老大，也就是個不良少年，從來沒看過繪本，但是他喜歡的女生很喜歡繪本。

因為喜歡的女生跟他說：

「如果你能以繪本得獎，我就跟你交往。」

所以他每天到圖書館報到，三個月內看了六千本繪本，然後不斷的畫、不斷的寫，直到作品疊起來超過他的身高一百八十公分，他終於得獎了，也開始有繪本作家的身分，現在則是日本第一的繪本作家。

而那個時候的女孩，現在是他的妻子，是他最溫柔的支柱。

信實並不是天賦異稟，也不是一開始就喜歡繪本，更不擅長作畫，但是他還是成為繪本作家，而且是獨一無二的超人氣繪本作家。

周遭的人怎麼說都沒有關係，你自己是怎麼想的才重要。只要你願意，你就能做到。

信實的經歷，讓我了解到這一點。

信實說，他的守護神是耶穌基督、泰瑞莎修女和麥可・傑克森。

事實是否如此完全無所謂，只要能提高自己的鬥志，你可以自己決定，

愛怎麼想，就怎麼想。（笑）

信實還曾經跟我說：

「翡翠先生，差不多該找約翰．藍儂來當你的守護神了。」

「啊？約翰．藍儂？」

「應該是說，翡翠先生是約翰．藍儂投胎轉世。」

「真的嗎？聽你這麼說，我好開心啊！」

「是真的喔，翡翠先生真的是約翰．藍儂投胎轉世。」

「可是，約翰．藍儂還活著的時候，我就出生了耶。有這種投胎轉世法嗎？」

「咦？是沒有啦！」

我們曾經這麼認真的說瞎話。

你自己怎麼想，會改變現實。我也有過這種經驗。

我曾經是一家小小郵購公司的平凡上班族，根本不會認為自己會成為作家。但是，我在一場講座上認識了一位暢銷作家，就在一起搭電車的時候，我的想法開始動搖了。

電車稍微晃一下，那位暢銷作家就好像要跌倒的樣子。那時候我心裡想：

「咦？就一點點晃動也會跌倒？這樣也能成為暢銷作家，既然如此，我應該也可以……」（笑）

才這麼想，一年後，我就真的成為作家了。

當我認為自己不可能，那就一定辦不到。但是，當我認為自己或許有機會，一年後就實現了。

那麼，之後的發展呢？

換我身邊的朋友一個一個出書。

隨便算一算也有二十個人。

「連翡翠都可以出書了，我應該也沒問題。」

因為大家都這麼想。（笑）

你相信的界線，就是現實的界線。

如果你覺得事情很難，事情就真的會變得很難。你自己是怎麼想的，是宇宙最大的影響力。

你的「想法」，

就是決定你的世界的法則。

所以，

千萬別小看自己。

關於夢想，你可以這麼想（之二）

不要想得太複雜，
痛快的實現你的夢想！

練習／成就理想中的自己

多去接觸已經實現你的夢想的人。

去認識的朋友的朋友。已經實現你的夢想的人，可能比你想的多。

去聽演講也好，或是將你的想法寫成信，請對方和你見面。我就曾經寫信給我想見面的人，也真的如願見了面。

實際見了面之後，你會發現，對方和你的差異並沒有你想像中那麼大。

夢想實現的人散發出來的氛圍，慢慢熟悉了之後，你的夢想也會成真。

把「夢想不可能實現」變成「有可能實現」，夢想才會成真。

人會因為相遇而改變。

相遇，就會帶來改變。

你可以成為有能力實現夢想的人。

你可以成就一千倍優秀的自己。

請給自己更多的可能性。

困境的觀點

投資家竹田和平曾說過：
「公司出現赤字，
是因為忘了〇〇。」
究竟是忘了什麼才會出現赤字？

工作都會遇到瓶頸，當遇到困難時，我們會做各種嘗試，試著改變想法、改變做法。

但是，在改變之前，還有更重要的事情要做。

在改變之前，你必須先想起一件事。

之前提過的本田晃一、竹田和平又要再次登場。

本田晃一的父親從事銷售高爾夫球會員證的工作，在泡沫經濟之後，這個產業受到嚴重的打擊，營業額急速下滑。

為了幫助父親的公司，本田晃一開始在網路上銷售高爾夫球會員證。二〇〇〇年，那個時候大家都說網路上不可能賣出高價商品，但是，才二十多歲的本田晃一架設的網站，第一年就交出十億日元的成績單，演出了一場非常完美的復活記。

當時本田晃一做了什麼呢？

他從回溯父親銷售高爾夫球會員證的原點開始。

「爸，你為什麼會開始這份工作？」

「因為很賺錢呀。」

父親馬上就回答了。（笑）

「但是，世界上能賺錢的工作這麼多，你為什麼選擇高爾夫球？」

繼續探詢的結果——

「為什麼呢……啊，我想起來了！我第一次打高爾夫的時候好感動，世界上怎麼會有這麼有趣的運動！從此以後，每次要去打高爾夫球時，我就像小孩子期待要去郊遊一樣，興奮得睡不著覺。如果大家都能有這樣的心情，我想世界一定會變得更好！」

人是會忘記自己初衷的生物。
然而，原點就是你的能量泉源。
因此，我們要做的，就是回想起自己的初衷。

之後，就如先前提過的，本田晃一在投資家竹田和平的公司擔任社長。竹田和平是擁有超過一百家上市企業股票的大股東，當這些企業業績下滑的時候，社長們會登門拜訪，向竹田和平道歉。

但竹田和平非但不生氣，還會拿業績一度跌到谷底、之後成功復甦的企業剪報來鼓勵那些社長。

有一次，來了一位期貨公司的社長。竹田和平懇切的對這位社長說，期貨交易對社會有多大的幫助：

「你知道嗎？我很尊敬你的工作呢。因為期貨交易，農家才能安心生產。還有其他像你一樣對社會這麼有貢獻的社長嗎？你做得好，我們也會跟著沾光。」

自己為什麼會開始這份工作？這位社長起回想工作的初衷，眼神也變得閃閃發亮。

竹田和平是這麼說的：

「工作是很尊貴的事情，是為了這世界上的人們而努力。公司出現赤字，是因為忘了初衷。所以，只要回想起自己工作的動機，很快就會轉虧為盈。我們工作的動機，大概都是因為『愛』。」

「愛」就是我們的原點。

回到原點，然後再一次問自己：我真正想做的是什麼？我之後要往哪個方向走？

再一次從「愛」出發！

遭逢困境時，你可以這麼想

會遇到瓶頸，是因為你忘記了初衷。

你是為了什麼才開始做這件事？

請回想當時的初衷。

練習／與愛相逢

你也可以反過來問身邊的人：

「你是為了什麼才開始做這件事？」

這個問題能喚起每個人藏在心中的愛。

我會寫這本書，也是因為被問了這個問題。

當時我是這樣回答的：

「以前的我很怕生，個性也很陰沉，總之，我活得很辛苦。不知道有沒有方法可以幫助自己，所以我每天都去書店找書來看。那個時候，書是我的朋友，是我的摯友，總是給我很多幫助。所以我很喜歡書，不論是形狀、觸感、氣味，全部都愛。我對書充滿著感激。現在寫書，也是希望能夠幫助跟以前的我一樣活得很辛苦的人。這是我一心一意想做的事。」

最初的動機，總是蘊含著「愛」。

命運的觀點

遺傳學家木村資生說：
「生物出生的機率，
就跟連續中〇次一億日元的彩券一樣。」
你覺得是連續中幾次呢？

「咖哩飯！」會有咖哩飯，是因為有人做出咖哩飯。

「小籠包！」會有小籠包，是因為有人做出小籠包。

「洋芋沙拉！」會有洋芋沙拉，也是因為有人做出洋芋沙拉。

咖哩飯、小籠包、洋芋沙拉，這些都是我兒子的最愛。兒子肚子餓的時候還會說：「老爸，我現在可以嗑掉一百顆小籠包呢。」

唉呀，這種事情不重要，我們繼續說下去。

你的房間裡應該有很多東西吧，筆、電腦、拖鞋、書、筆記本、筆電、書桌、椅子、冷氣、水瓶、照片、衣服、CD……這些東西全部都是製作出來的。

這世界上所有的東西都是製作出來的。

村松恆平的著作《神學入門》中有這麼一句話：

「會在偶然之間煎好一顆荷包蛋嗎？」

你在上班的途中，偶然有一顆雞蛋從高處掉落，底下剛好有一個平底鍋，雞蛋不偏不倚的掉進鍋子裡，蛋殼剛好敲破，鍋子裡也正好有一些油，而且運氣很好的，下面還有瓦斯爐開著火，然後在蛋煎得半熟的時候自動熄火。會有這種事嗎？

沒有！

沒有！沒有！沒有！絕對沒有！偶然之間煎好一顆荷包蛋，在人類數十萬年的歷史中，一次也沒發生過。

荷包蛋不可能在偶然之間煎好，我們的命運當然更不可能是偶然的。

一切的背後，都有創造者。萬物的創造者，我們就稱祂為「神」。

日本唯一榮獲達爾文獎（生物學界的諾貝爾獎）的遺傳學家木村資生說過：

「生物誕生的機率，
就跟連續中一百萬次
一億日元的彩券一樣。」

假設你真的連續中一百萬次一億日元的彩券，唯一能想到的就只有一個可能——百分之百是被操作的。

沒錯，除了宇宙之神以外，沒有人辦得到。

有時候，你會不相信自己的命運。

我想告訴你「沒關係」，因為——

你的生命是神的創造物，不可能會失敗。

看起來像是失敗的遭遇，一定有其用意。假以時日，你就會明白其中的原委。發生的事情，全部都是對的。一切都是為了讓你成長。

會發生的事情就是會發生，而不會發生的事情，你再怎麼擔心也絕對不會發生。

把命運交給上天，只要認真的對待眼前發生的每一件事。當你有一天停下腳步，回過頭看，你會發現，這是一場精彩萬分的人生！

替代醫療的世界權威狄帕克・喬布拉（Deepak Chopra）博士說過：

「我們一天會思考六萬次以上。」

我們每天都為了發生過的事情而懊悔，為了不知道會不會發生的事情而煩惱，次數高達六萬次，等於一個月就有一百八十萬次。

我們總是在後悔和擔心，
所以大腦才會提不起勁。
既然如此，就把發生的事情全部當作是對的，
把一天思考六萬次的能量全部投注在當下，
這樣的人生不是更有意思嗎？

一切就看你的決定。

面對命運，你可以這麼想

發生的事情，全部都是對的。

全部都是為了讓自己成長。

練習／相信發生的事情都是對的

想一想，有什麼事情現在正順利進行中？

有哪個人讓你覺得能夠認識他真好？

那件進行順利的事或那個人，你是怎麼遇到的？追本溯源，一開始大概都是一場災難吧。

以我來說，教導我思考觀點的恩師，是我出社會第一份工作的公司社長。

為什麼我會遇到這位社長？前面說過，我以前很怕生，動不動就臉紅，朋友實在很擔心我，就幫我引介了這家公司，「說是我介紹的話，應該就會錄用你。」

你現在做得得心應手的事，或是遇到恩師，回顧過去，你會看到這一路上其實經歷了許多的辛苦和不順遂。

但只要再多走一步，辛苦就會變成幸福。

第4章

反向思考的觀點

——負能量也是好能量！

阻礙的觀點

「如果是你，會開什麼樣的居酒屋？」

夢想著有一天要開居酒屋的年輕人，

詢問顧問福島正伸。

他回答：

「如果是我的話，要開只有一種菜單的居酒屋！」

這是什麼樣的想法？

來看看別人的答案

「只要有啤酒就夠了。拿夢想當下酒菜如何？」——萱野英明（東京）

「把夢想濃縮、再濃縮，變成一個，就能夠實現！」——宇宙工作者（島根）

「為什麼只有一種菜單？這可以成為跟客人聊天的話題。」——otoshimon（石川）

「只有一種菜單的店很有話題性。」——小彩（石川）

「用自己最拿手、
最喜歡的料理來決勝負。」——otoshimon（京都）

「只要客人喜歡這家店，
菜色多寡不是問題。」——中居尚（愛知）

「只提供白飯，讓客人自備配菜，
這樣菜色就可以無限擴大吧？」——Miki 夫

「因為福島先生只會做
明太子義大利麵。」——St. Mediamurea（神奈川）

「吉田松陰復活！」

「顧問界的 King of Pop！」

這些都是福島正伸的稱號。

他是一手帶出超過十位上市公司社長的傳奇顧問。

每年我都會跟福島正伸一起出席經營者研習營。他回答問題的方式，每每都讓我很佩服。不管是什麼問題，福島正伸都能在〇．一秒內回答。

在聽到問題的瞬間，他會大幅轉動右手，一邊說：「這樣啊……」然後開始回答。

不管是什麼樣的問題，他都可以當場回覆對方。

有一次，我就問了福島正伸：

「為什麼你回答問題這麼快？你是在轉動右手的那〇．一秒內思考嗎？」

福島正伸說：

「不，事實上，在聽到問題的瞬間我就有答案了。」

這是怎麼回事？

原來，福島正伸從二十多歲起就開始擔任顧問，當時來參加講座的經營者大多是四十多歲、五十多歲、六十多歲的先進，他常常無法回答大家在講座上的提問。

所以，福島正伸放棄現場回答問題，他請大家把問題寫在紙上。他會在講座結束後，針對每一個問題，花時間好好思考，再依序回答提問者。

為了回答這些問題，他竟用掉了五千張紙！

就這樣持續了大約兩年的時間，回答過一千個問題，之後不管再被問到什麼樣的問題，因為都已經仔細思考過了，他就可以立刻回答。

回到一開始的題目。

想開居酒屋的年輕人問福島正伸：

「如果是你，會開什麼樣的居酒屋？」

福島正伸一邊轉動右手，一邊說：

「是這樣啊……如果是我的話，要開只有一種菜單的居酒屋！」

這個意外的答案，讓發問的年輕人丈二金剛摸不著頭緒，滿臉狐疑。

福島正伸的真正用意是這樣的——

只提供一種菜色，要如何打造一家客人絡繹不絕的居酒屋？

必須從這裡開始發想。

「因為沒有錢……」「因為缺人手……」「因為沒有門路……」「因為沒有

經驗……」「因為不景氣……」人們常常會舉出各式各樣的理由來解釋自己為什麼做不到。

但是，福島正伸看事情的方式完全不同。

沒有錢的時候，可以怎麼做？

人手不足的時候，要怎麼找到人？

經濟不景氣的情況下，如何吸引顧客上門？

思考這些問題不是很有趣嗎？

人都討厭事情不如預期。

但是，真正的人生高手認為，

事情不如預期，正是人生有意思的地方。

事實也是如此。

上班已經很辛苦了，為什麼假日還要起個大早，背著重重的高爾夫球袋，出門去打球？

打高爾夫球很有趣，因為你不能直接拿起球，就想塞進球洞裡。

足球也是，因為規定不能用手，所以足球才好玩。

只提供一種菜色，客人還是會不由自主想造訪的居酒屋，是什麼樣的居酒屋？

腦力激盪非常有意思。

福島正伸是這麼說的：

「例如，點一杯啤酒，店員會附上一句名言，這樣的居酒屋，就算只提供一種菜色，你也會想去看看吧？」

店員送上啤酒的時候，對你說：

「有夢想，就會實現！」

續杯的時候，店員繼續對你說：

「不求順利，只要全力以赴！」

在這家居酒屋，每次續杯都會得到一句名言。

「不放棄，人生才會成功！」

聽到這樣的話，應該再喝一杯吧？

「沒有後悔的人生，就是不斷挑戰的人生！」

然後又繼續挑戰，再喝一杯。這家店到底要人家喝幾杯啊！（笑）

（補充說明，以上這些名言都是福島正伸說過的話。）

此外，走在路上看到街頭藝人，也可以上前攀談：「在戶外很冷吧？要不要到我們居酒屋表演呢？」這樣，有歌手駐唱的居酒屋就實現了。

方法有無限多種。

我兒子以前很沉迷《超級瑪利》的遊戲，不過現在已經不玩了，因為全部都在意料之中。

全部都在意料之中，其實就是「無聊」。

挑戰未知的領域會伴隨著不安。雖然不安，但也充滿各種可能性。

一切都在掌握之中，沒有不安，也就不覺得期待、興奮，剩下的只有無聊而已。

覺得不安，很好。
勇敢的作夢，勇敢的不安吧。

事情不如預期時，你可以這麼想

正因為事情不如預期，
所以才有趣。

練習／享受不如預期的發展

遊戲要好玩，有兩個要素不可或缺。

首先是要有「目標」（任務），以《超級瑪利》來說，救出蘑菇王國的桃子公主就是目標。

但是，只有這樣還不夠有趣，遊戲還要有「敵人」（障礙），瑪利兄弟的宿敵，就是庫巴大魔王。

套用在現實生活中，敵人可能是你討厭的上司、競爭對手、沒有錢、沒有員工、地點不好……但這些障礙都是讓遊戲更有趣的「設定」。

去突破重重障礙，才是遊戲好玩的地方。

描繪夢想，首先要訂定目標、任務。

如果想開店，就要先決定開什麼店。

接下來，必須面對接踵而來的難關。

有趣的遊戲，這時候才開始！

寂寞的觀點

朋友打電話來說：

「我現在好想一死了之。」

你會怎麼開導他？

心理學博士小林正觀，說出了意料之外的話，

他說：「請幫我做可樂餅。」

究竟是何用心？

再一次請心理學博士小林正觀上場，來看看這位思考天才的功力。

事情發生在一天夜裡。

小林正觀夫人的朋友打電話來說：「我現在好想一死了之。」

面對這樣的緊急狀況，小林正觀怎麼說？

「請幫我做可樂餅。」

恰巧北海道的朋友送來了很多馬鈴薯，小林正觀便請夫人馬上帶一箱到這位朋友家裡，拜託他：

「明天早上之前，幫我把所有的馬鈴薯都做成可樂餅。」

隔天，朋友打電話來說要送可樂餅過來：

「我很高興你要我做可樂餅。你說早上之前就要，所以我整晚沒睡，一心一意的做可樂餅，然後，想死的念頭也消失無蹤了。」

不是嘴巴上勸阻對方不要想不開，而是直接改變對方的行動，讓對方把心思轉移到可樂餅上。

人心有無法用言語驅動的部分。

透過具體的請託，可以讓對方感受到「自己被需要」。

小林正觀了解，覺得自己不被需要，這種寂寞感會逼人走上絕路。

「明天早上之前，請幫我把所有的馬鈴薯都做成可樂餅。」

這天外飛來一筆的回答，是掌握人心本質的最佳解答。

人是因為彼此之間的連繫而存在。

人與人之間，要有連繫才能活下來。當我們感覺「自己被需要」，就能夠再次確認這份連繫。

這種被需要的感覺，可能表現在想要幫助別人，或是希望被重視、被愛。

不論是哪一種，我們會在彼此之間的連繫中，感受到莫大的幸福。

孤獨，就是因為感受不到這份連繫。因此，只要想起自己的「任務」即可。

不管是在家庭裡的任務、在社會上的任務、在朋友關係中的任務、身為妻子／丈夫的任務、對孩子的任務、幫植物澆水的任務、帶小狗散步的任務、跟麵包店婆婆道早安的任務……甚至發現路旁靜靜盛開的小花，也是只有你才能完成的任務，如果你不在了，那朵花可是會非常寂寞。

但如果覺得任務是一種負擔，我們就會想要放棄。

以我來說，我以前非常害羞又怕生，一直對自己內向、陰鬱的個性感到很煩惱。我在大學畢業之後，陰錯陽差的成了業務員，但那時候我完全不知道要怎麼銷售商品，我無法好好解說商品，因為實在太蹩腳，只能聽別人怎麼說。

結果，聆聽就成了改變我人生的「任務」。

社長願意雇用這麼蹩腳的我，所以我很喜歡社長。而且社長對很多事情的看法很有趣，我總是興致勃勃的聽他說話，因此社長也注意到我。他到東京分公司來的時候，一定會約我吃晚飯。

以我來說，就只是很喜歡聽社長說話。然而，從社長的角度來看，說不定是藉由說給別人聽的同時來審視自己。

跟社長在一起，也能磨練我的觀點，我才漸漸知道：

「原來事情只要那樣想就好了！」

例如，曾經有個客戶找社長商量：「我女兒已經到了適婚年齡，還不想結婚，真傷腦筋。」

社長這樣回答：「你希望女兒早早結婚，卻過得不幸福嗎？」

怎麼這麼說！我聽了忍不住想插話。

「怎麼會，我當然是希望女兒幸福啊！」
「但是，你女兒現在不就很幸福嗎？」
「也是啦。」
「那維持現狀不好嗎？」
「你這麼說也沒錯！」
我就在旁邊默默的聽。
是啊，我們的最終目的，就是要得到幸福。
聆聽也是一份重要的任務。
也是因為和社長長時間共事，現在我才能像這樣和大家分享對事物的看法。

找到能讓你做得開心的任務，好好的做，這份「任務」就是你「存在的意義」。

面對孤獨，你可以這麼想

寂寞的時候，就是開始尋找新「任務」的時候。
好好看看四周，找到能讓你身心自在的事物吧！

練習／找到適合自己的任務

不知道自己的任務時，有個方法很有幫助。準備五面鏡子，放在屋子裡常見的地方。就從今天開始，每次看到鏡子都要練習微笑。

等到你能展現出燦爛的笑容，就會有人來找你幫忙。這時候，不管你喜不喜歡，請微笑著說：「我很樂意。」

不管是什麼樣的請託都要笑著接受。

（不過，像借錢或真的很討厭的事，還是要拒絕。）

慢慢的，來找你幫忙的，會固定是某方面的事情。

這些事情，就是最適合你的任務。

就像自己看不到自己的表情一樣，有時候，周遭的人比你更清楚你自己。

你的微笑，能讓周圍的人把對你最好的「命」「運」過來。

這就是「命運」。

餓肚子的觀點

江戶時代的天才占卜師，
擁有一千名弟子，
號稱準確率一〇〇%，
他發現，
「萬無一失的開運法則，就是〇〇。」
請問，〇〇是什麼？

被譽為「百發百中」「萬無一失」「日本第一觀相師」，準確率一〇〇%的江戶時代天才觀相師，他就是水野南北。

從體相就能看出對方的性格或命運，其實是根據統計學，以體相將人的命運做區分與歸類。例如：

「年紀輕輕就禿頭的人，如同天空提早放晴，代表他運勢很強，很早就會出人頭地。」

「眨眼次數多的人很神經質。」

（精力充沛、眼神銳利的人，不會那麼常眨眼。）

「乳頭周圍呈黑紅色屬吉。」

（乳頭代表子孫，黑為陰，紅為陽，陰陽同時出現是吉相。）

「脖子粗的人少病痛。」

（以樹木來比喻，頭是樹根，脖子是樹幹，樹幹越粗越好。）

「肩膀可以看出一生的運勢和貧富。入贅的人肩膀會變窄。放鬆時肩膀突出，是運勢變好的前兆。」

「睡覺時，打呼聲音大的人，身強體健。」

（因為呼吸和腎氣有關。）

「眼睛帶有水氣，像含淚一般，這種人好女色。」

我也可以準確算出你是怎樣的人喔，要不要試試看？

「你現在正在學習看事情的觀點！」

答對了吧？

「你現在對我很生氣！」

又說中了吧？（笑）

回到正題。我們先來了解一下水野南北是什麼樣的一號人物。

水野南北出生於大阪，雙親很早就亡故了。他從十歲開始，偷竊、喝酒、賭博、打架樣樣來，十八歲的時候已經鋃鐺入獄。

在獄中的日子，水野南北觀察牢房中的罪犯，他發現了一件事，牢房中犯人們的臉，和在社會上安穩生活的一般人，有明顯的差異。

因為這個契機，水野南北對命相學產生了興趣，開始鑽研。

他深入研究神道、儒家、佛教，看命相的準確率已經高達八十%，但他想再提高準確率。於是，他到理髮店工作了三年，藉此研究頭相，也到澡堂工作了三年，藉此研究體相。為了研究骨相，他甚至到火葬場工作了三年。

一共九年的光陰，水野南北先後在理髮店、澡堂、火葬場工作，大量的與人接觸，不知不覺中，準確率已經提高到九五%。但水野南北還是很煩惱，他的目標是一〇〇%的準確率，九五%還是不夠。

無法接受例外的水野南北，來到伊勢的五十鈴川，進行五十天的斷食修行。他突然靈光一閃——

「一個人的命運，看飲食就知道。」

天下第一命相師水野南北得到的結論不是「相」，而是「食」，見解非常獨到。

他找到了萬無一失的開運法則，實行之後，運勢絕對不會衰退。

這個準確率一〇〇%的開運法則就是——

少吃。

現代營養學也指出，吃得太多，會消耗體內的酵素。被稱作「長壽基因」的 Sirtuin 基因，只有在限制飲食、限制卡路里的時候，才能夠激發它的活性。

少吃，能夠確實提高運勢，沒有例外。

水野南北立誓要為眾生節食。

自己減少飲食的分量，盡可能奉獻給神明或佈施給其他人。

領悟真理的水野南北，最後在日本各地擁有超過一千名弟子，晚年還受到皇室的禮遇，獲贈「大日本」和「日本中祖」的名號。

其實，水野南北本身的面相是貧相，面相糟得一蹋糊塗，最後卻能夠出人頭地。

一臉貧相的水野南北，大家根本不相信他是命相師。（笑）

他的面相到底有多糟？

曾經有弟子提出疑問：「見老師的面相，沒有一處是好的。臉很窄，身體看起來也和老師完全不相稱。」

但是這樣的水野南北，領悟到「一個人的命運，看飲食就知道」。之後運勢大開。雖然是晚年無財、短命的命相，但是在平均壽命只有現代一半的江戶時代，還是健健康康的活到七十五歲。

從「空腹的時間」和「運勢／健康」的比例，就可以知道兩者的相關性。

下次肚子餓的時候，聽到肚子咕嚕咕嚕叫，要知道，那是幸福的聲音。

「飲食審慎與否，
將決定一個人的人格。」

——水野南北

肚子餓的時候，你可以這麼想

「微食」是「美食」。
「空腹」是「幸福」。
肚子餓的時候，就是運勢累積的時間。
反省一下你的飲食生活吧。

練習／少吃一點

①飯前說「我開動了」，從感謝食材開始。
飯後說「我吃飽了」，在感謝中結束。
②筷子夾一次的分量盡量減少。
③吃進嘴裡的食物要細嚼慢嚥，好好品嘗。（盡可能嚼三十次以上）

④每吃一口食物，就把筷子放回筷架上。
⑤持續二十一天，就能養成習慣。

心懷感恩，細細咀嚼，自然就會吃得少。能夠好好品嘗每一種味道，好好面對每一種食材，這是非常閑靜而奢侈的時間，感覺也會變得敏銳。藉此面對自我，面對人生，這是現代的冥想。

木村拓哉在接受雜誌採訪時曾說過，他為了要好好品嘗餐點，用餐以外的時間就不再吃零食點心，慎重的面對每一餐。

你怎麼吃，就怎麼活。

不可能的觀點

一千人的兩人三腳，挑戰金氏世界紀錄！
原本是這麼計畫，
但是到了活動當天，
只來了四百名參加者。
距離活動開始還有三個小時。
這時候，身為主辦者的你會怎麼做？

驚訝的時候，會脫口而出：「哇！」

我也有過各種「哇」的體驗。但知名飯店經營者鶴岡秀子體驗到的「哇」非常特別，如果要以文字來表現的話，應該是——

哇嗚嗚～～～～～～～！

有點像狼嚎的感覺。

時間是二〇一一年十一月三日。

十一月三日，是相對於日本三一一大地震的日子，因此，鶴岡秀子想要在這一天做一些能提振士氣的挑戰。

說到挑戰，那當然是挑戰世界紀錄。

那要挑戰什麼世界紀錄呢？

查詢金氏世界紀錄之後，發現有一千人同時進行兩百公尺的兩人三腳。只要號召一千人參加就可以達成挑戰，場地也只要借千葉縣一所國中的操場來舉辦。

要挑戰金氏世界紀錄，還必須從英國請來正式的審查員，但是審查一直沒有通過，也沒有接到任何消息。隨著十一月三日越來越逼近，卻無法發出活動通知，只能任憑時間流逝。

後來接到金氏世界紀錄的消息，已經是活動前一個月的時候。

要在一個月內召集一千人實在是不可能的任務。

鶴岡秀子急忙製作網站，發送訊息，但是報名的情況卻遠不如預期。活動辦在離東京車站搭電車要一個小時的鄉下地方，招攬工作陷入苦戰。

到了活動前一天，十一月二日，只有四百人報名，還不到一半。

活動當天，十一月三日，前來集合的人比事前報名的還少，只來了三百五十人。距離一千人還不夠六百五十人，這個時候，鶴岡秀子應該也只能放棄了。

為了挑戰金氏世界紀錄，參加者特地來到鄉下，而且還有人是從遠地搭飛機或新幹線趕過來，英國也派了兩名金氏世界紀錄的審查員，如果活動就這麼取消，會有多遺憾。

當天早上，負責宣傳的人還跟鶴岡秀子說：「媒體也來了，可能要先準備道歉聲明。」

但是，要怎麼跟前來的三百五十位參加者道歉？

鶴岡秀子站在操場上，對所有人說：

「各位，目前人數還不到一千人，拜託大家拿出手機，請留在家裡看家的爺爺、奶奶、兒子、女兒、爸爸、媽媽、親朋好友，馬上到這邊來。請大家多多幫忙。」

都這種時候了，鶴岡小姐還是沒有放棄。

我跟鶴岡秀子共事過幾次，所以很明白，她早就將「放棄」這兩個字丟到垃圾桶了。

鶴岡秀子的逆轉劇才正要開始！

她看到操場上幾個穿著棒球隊制服的鄰校高中生，她跑過去跟他們說：

「請問隊長在嗎？」

找到隊長後，她做了這樣的請託：

「能不能請隊長帶頭，幫忙邀請其他社團的同學也來參加活動？」

隊長點了點頭。

接著，鶴岡秀子又發現遠一點的地方有一群看起來像是網球隊的人，她同樣出聲招攬。

看到鶴岡秀子的舉動，其他工作人員們就像是看到希望一般，也開著小型貨車出去找人，舉凡在附近海邊衝浪的人、購物的人，都跟他們說：「接下來要挑戰兩人三腳金氏世界紀錄，想參加的人請上車，請大家多多幫忙！」把人一一送到操場去。

鶴岡秀子的攻勢還沒有停止，她盯著町長，想到用防災廣播系統請大家到操場集合，挑戰金氏世界紀錄。

「町長，可不可以用防災廣播系統通知大家？」

這絕對不可能！

「好，我知道了。」

竟然連町長也願意幫忙！

另一方面，在操場上，參加者全都拿出手機連絡親朋好友。

四十分鐘後，你猜發生什麼事了？

來自英國的金氏世界紀錄審查員開始清點人數。

五八三……八八九……九八五……九九二……

一〇〇六！

哇嗚嗚～～～～～～～～！

參加者超過一千人！

參加者全都歡聲雷動！町長也感動到痛哭流涕，擺出勝利的姿勢！

這個活動最有意思的地方，與其說是挑戰金氏世界紀錄，不如說是大家齊心協力召集一千人的過程，將不可能變成可能，超越了挑戰金氏世界紀錄的感動。

最後，參加者心中都盛開著希望之花，相信只要去做，就一定辦得到。

喜悅是有條件的。

感動也有條件。

唯有在「不行」、「不可能」的條件下，才會產生感動。

聽到別人跟你說「不行」、「不可能」、「放棄吧」，你可以當成「感動的三要件」已經齊備。

活動前一天，鶴岡秀子還很擔心，但她擔心的是——

要是來了超過一千人怎麼辦？

是有需要操這個心嗎？（笑）

雖然活動前一天只有四百人報名，但鶴岡秀子還是徹夜準備了超過一千組的綁繩。

對於懷抱夢想的人，不看好的人會說「不可能」、「有勇無謀」、「看不清現實」。

但鶴岡秀子眼中只有「希望」。因為她想看到「希望」。

「任何事情
都是從相信自己開始。」

——鶴岡秀子

聽到不行、不可能、放棄吧，你可以這麼想

代表「感動的三要件」已經齊備。

練習／面對不可能！辦不到！

遇到困難時，先問自己：

「如果辦得到的話，該怎麼做才好？」

以「辦得到」為前提來思考。

然後，在筆記本上寫出一百件現在馬上就能做的小事，一件一件去做。

如果還是不行，最後還可以拜託町長！（笑）

很怕生的我，成為作家之後，最大的煩惱就是受邀演講。因為我很容易緊張，根本無法在大家面前說話，所以前三年受邀演講我都回絕了。

這時候，有個人問我：

「翡翠先生，如果你要演講的話，你會講些什麼？」

我從來沒有想過以「辦得到」為前提來思考。

我試著想了一下，然後回答他：

「或許可以辦一場不用在大家面前說話的演講。」（笑）

於是，那位主辦人便包下一家小居酒屋，幫我辦了一場不用在大家面前說話的演講。

人數限定二十名，不是在二十個人前面講話，而是繞著桌子，一個一個說，繞完一圈就算演講結束。

重覆幾次之後，漸漸的，我可以在二十個人面前說話，到現在，已經可以在一千個人面前演說兩～三小時，甚至不需要講稿。

以「辦得到」為前提，持續踏出你能做到的一小步。

你會遇見嶄新的自己。

第5章
豁然開朗的觀點
——翻轉到昨天為止的人生！

生氣的觀點

接到急件工作，
挑燈夜戰了一整夜，
隔天卻接到對方的電話說：「企畫變更了。」
努力全白費。
遇到這種會讓人理智線斷掉的情況，
你會說什麼呢？

來看看別人的答案

「腦袋一下子清醒了，
現在才要開始認真而已！」——otoshimon（京都）

「您所撥的號碼現在無法接聽……
假裝是語音信箱。」——Tanodaruma（大阪）

「燃燒吧，
燃燒殆盡，
成為一片雪白……」——矢吹丈（東京）

「我熬夜都感冒了。
哈啾！
一切就變回白紙一張。」——谷治（群馬）

「別鬧了！
我可不饒你！」（裝可愛的生氣）——翡翠小太郎

「笨蛋！」——卡巴喬（琦玉）

我的頭銜是「天才寫手」。

不過，這頭銜是我自己取的，別人不這麼叫我，我就自己說。

有什麼問題嗎？（笑）

但是，很不可思議的，自己這麼說，慢慢的，旁邊的人也開始這麼稱呼我。先說出來，就贏了！

因為這個原因（什麼原因啊），我從事文案工作，有一次，接到一個案子，是要為廣告的角色寫台詞。

交期是一個星期後，時程非常緊湊，而且還跟我的書的截稿日重疊，但我還是接下來了。

當我整晚沒睡，絞盡腦汁，交出提案後，隔天就接到電話：

「翡翠先生，非常抱歉！因為企畫變更，廣告的角色改了，對、對、對不起，可不可以請您針對新的角色重寫台詞？三天後交……」

「企畫變更？開什麼玩笑！我可是熬夜做出來的！」

我大可生氣發飆大罵，但我口中說出來的卻是：

「哈哈哈哈！企畫變更嗎？這種事常有啦。改幾次我都奉陪。」

對方嚇了一大跳，原本以為我一定會暴怒，但是我卻笑著說「改幾次我都奉陪」。

因為這件事，對方還成為我的粉絲。

「翡翠先生真有兩把刷子！」

這件事情在對方的公司裡廣為流傳。

是不是真的有兩把刷子，我是不知道啦。（笑）

之後，高報酬的案子就好像事前安排好的一樣，一直跑到我這邊來。

當你遭遇逆境，忍不這想大聲說：「開什麼玩笑！」

在這種危機之際，只要改變想法，這就是你的絕佳機會。

是什麼樣的機會呢？

就是在對方心裡留下傳奇的機會。

如果你笑著說「改幾次都奉陪」，對方一定把你當成英雄。

其實，那個時候我也很想大聲說：

「開什麼玩笑！我可是熬夜做出來的！」

但我明白，這是在對方心裡留下傳奇的機會，於是話到嘴邊又吞了下來，還是笑著說：

「哈哈哈哈！這種事常有啦。改幾次我都奉陪。」

心裡也不禁佩服起自己，我還真能忍啊。（笑）

生氣並不是件壞事，想生氣的時候就生氣，沒關係。我也是會發怒的。但那次因為我實在很想完成這個案子，既然都要重做，與其感到生氣或無奈，不如抱持著要留下傳奇的心情工作。

對方感到困擾的時候，更要做出超乎對方想像的行動。

當你這麼想，就能夠超越自我的極限。

說到這裡，還曾經發生過這樣的事。

我到一家飯店住宿時，因為睡過頭，遲遲沒有退房，於是接到櫃台打來的電話：

「先生，已經過了退房時間。」

我想對方已經生氣了，但他接著說：

「需不需要為您搬行李？」

實在太感動了！

我在飛機上不小心打翻咖啡，空服員的第一句話是：

「您有沒有燙到？」

我還在為弄髒了地毯感到抱歉，對方卻反過來擔心我，實在太感動了！

在東京迪士尼樂園，看到小孩在哭鬧，工作人員會送給他一份神祕小禮物，是非賣品的貼紙。因為這樣的巧思，孩子的哭鬧和父母的困窘，所有的負面情況都一舉轉化為歡樂。

負面情況，正是產生感動的機會。

理智線快要斷掉時，你可以這麼想

這是在對方心裡留下傳說的機會。

練習／把逆境變成傳說

什麼的話語和反應可以打動人心？

有空的時候，不妨想想這個問題，記在筆記本上。

舉個例子，當對方約會遲到的時候，你可以怎麼反應？

我有個朋友，有一次跟顧問福島正伸約好，要到他的辦公室開會。但因為別的事情耽擱，要晚一個小時才能到，所以他打電話給福島正伸：

「福島先生，非常抱歉，下午一點開始的會議，我會晚一個小時到。」

這時候福島先生說：

「咦？我記得是下午兩點開會。所以不用急，你慢慢來。」

朋友以為是自己記錯時間，也就放心了。但他之後再翻行事曆，很確定是約好下午一點開始。也就是說，福島正伸是為了讓對方安心才這麼說。

明明遲到的是自己，福島正伸卻還是這麼體貼，我的朋友每跟人見一次面就說一次，於是，這件事就成了福島正伸的傳說。

如何？

面對負面的情況，多用點心，就能成為傳說！

最後再舉我兒子的例子。

我的老婆大人不太會做菜，有一次很努力的做了炸豬排，不過還是失敗了，都燒焦了。

兒子卻說：

「這樣反而很好吃。」

就這麼一句話，老婆大人開心不已。

我也很感動，原來，「反而」這兩個字這麼好用。

垃圾的觀點

據說配戴水晶或翡翠等寶石，
可以增強運勢。
然而，世界上最強、最厲害的開運寶物，
其實是「束口袋」。
為什麼呢？

《*Sign*》這本書集結了許多心靈小語。有一次，我和作者之一龍先生一起受邀演講，我也拜讀了他的大作，深受衝擊。

書中以「世界上最強的開運寶物」來介紹束口袋。

為什麼是束口袋？

答案讓我很驚訝，吃驚的程度，甚至覺得只有神才能想出這樣的點子。

這個束口袋裡放的都是路上撿來的垃圾。

先在束口袋裡放一個超市的塑膠袋，走在路上時，看到垃圾就撿起來放進去。垃圾撿得越多，束口袋裡就充滿越多好的氣，成為開運寶物。

撿回來的垃圾，就丟在家裡的垃圾筒。

養成撿垃圾的習慣，可以招來好運。

書中寫道：

「如果這種富有日本文化的垃圾束口袋增加，自古以來護佑日本的神明也會感到欣慰。」

垃圾能開運。

多麼出色的見解，我好感動。

「感動」，除了感受到，還要動起來，所以我馬上試試看，實驗一下運氣是不是真的會變好。

結果真的很驚人！

撿垃圾，能讓人心情變得超好！

被別人看見會有一點不好意思，但我還是繼續撿。如果要把路上的垃圾全都撿起來，那大概也不用走路了，所以我自己定的規則是，一天撿一件垃圾放進束口袋就可以了。

和兒子一起走在路上，我也照樣撿垃圾。兒子什麼都不知道，我也不用

多解釋什麼，心情就是很好。可以說是這一年心情最好的時候了。（笑）

因為心情好，甚至覺得——

能活在這個星球上真好！

你會喜歡上自己，度過心情絕佳的一天。

一天二十四小時，我們都跟自己在一起。所以，喜歡上自己，會有多麼大的影響。

德國代表性的文學家哥德曾說過：

「人類最大的罪惡，就是心情不好。」

光是心情好，就是「愛」的表現。

我開始隨身帶著束口袋之後，第一個變化是不會再忌妒別人。

我也有我的競爭對手，看到對手表現出色，我也會產生忌妒心，覺得：「好好喔～」但是，最近我心裡想的卻是：「有人正努力讓地球變得更好，真好！」以地球為考量，這一點我也很驚訝。（笑）

雖然有點遲，但我終於成長到可以真心為競爭對手的活躍感到開心。這是拜撿垃圾所賜。

前些日子，我在新幹線上眺望著流逝的風景，突然萌生「要努力讓地球變成美麗的星球」的心情。

「怎麼會有這麼溫柔的心境？」（笑）

我自己也察覺到，心情平和、溫柔的時候越來越多了。

有溫柔的心情，才會有溫柔的舉動，以往我是這麼認為。

其實完全相反。

溫柔的舉動，能帶來溫柔的心情。

不過是一只束口袋，卻是不平凡的束口袋。

關於垃圾，你可以這麼想

垃圾是提高運勢、帶來溫柔心情的幸運物。

練習／愛上自己

準備一個你喜歡的束口袋，先試二十一天。

- 一天一件撿垃圾就好！
- 看起來像是擤過鼻涕的衛生紙之類難度較高的垃圾可以忽略！

・對於沒撿起來的垃圾不用產生罪惡感！
・忘記的時候也沒關係！想起來的時候再繼續就好。
我自己把規則訂得很寬鬆啦。（笑）

一天撿一件垃圾，或許意義不大。但是，每撿起一個垃圾，地球的確就又乾淨了一分。
持續這麼做，心情會慢慢變好，你會愛上自己，開心的度過每一天。
請一定要試試看。

痛苦的觀點

常言道，人無法改變過去。
但是，有一個方法可以改變過去。
那就是改變○○。
請問，○○是什麼？

這是我朋友的故事。

他還是小學一年級的時候，因為妥瑞症（會反覆出現眨眼、搖頭、臉部扭曲等非本人意識的動作）的緣故，成為被霸凌的對象。自此之後，他總是在想：「怎麼死最輕鬆？」「被雷打到應該最快吧……」「到富士樹海孤獨的死去也是一個選擇……」一直沉溺在這種空想之中。

就這樣懷抱著陰鬱心情，在沒有夢想、也沒有希望的情況下，也到了該找工作的時候。有一天，他去參加Y-CUBE這家公司的招募說明會，人生從此改變。

Y-CUBE的社長安田佳生說了自己的故事。

安田佳生從小個性就很灰暗，不會念書，也不擅長運動，總是被欺負。他在十八歲的時候逃離日本，到美國上大學讀生物學，但他也不是當學者的料，所以又逃回日本工作。

但他總是無法在規定的時間內把該做的工作做完，也不擅長在陌生人面前講話，連接電話都不敢，所以他覺得自己不適合當上班族，只能當可以決定自己想做的事的社長，做過各種嘗試之後，終於成功創業。

之後，每當他提起自己以前有多糟糕，大家都會說：

「果然，創業家就是不一樣！」

「能夠果決的前往美國，真有行動力！」

他跟大家坦白：

「不是這樣，我只是在逃避而已。」

但人們還是說：

「你怎麼這麼謙虛。」

然後又是一連串的盛讚。

這時候，他注意到一個事實——

過去的經歷無法決定我們的未來；
但未來的實績，會改變對過去的評價。

聽到安田佳生這番話，我朋友受到很大的衝擊。

在那天之前，他一直活再過去被霸凌的記憶中，心靈創傷的枷鎖限制了他，「我做什麼都不行……」「我的人生沒有希望……」他放棄了自己。直到聽到安田佳生的這番話，他感覺到，眼前的道路豁然開朗。

「沒錯！我不要再侷限於過去，也不要再煩惱，我要創造能改變過去的未來。」

他變得積極向前。

這位朋友的名字是橘修吾郎，現在是非常活躍的心理諮商師。

現在正背負著痛苦過往、想要消除這段記憶的你，我想跟你說——

沒問題的。

過去的心靈創傷無法決定你的未來。

而未來，可以改變過去。

未來的你，會拯救過去的你。

所以，在那之前，請盡全力去做你能做的事，然後等待。

不管任何時候，未來的你都愛著現在的你。

面對過去，你可以這麼想

過去無法改變。

但未來，可以改變過去。

練習／改變過去

什麼樣的未來，可以改變你的過去？

今天請到景色最美的地方，吃塊美味的蛋糕，心情愉悅的想像自己美好的未來。

自卑的觀點

神沒有給我幸福當禮物。
神給我的禮物，
只有〇〇。
請問，〇〇是什麼？

我的部落格「三秒變快樂的名言處方」開始於二〇〇四年八月九日，之後也成為我的第一本書。

到二〇一四年，部落格剛好滿十年。

這十年間，我寫了三十本書。歷史書、英語書、偉人傳記、姓名學、傳達日本魅力的書、漢字書，還幫北極熊和蝸牛的攝影集寫故事，各領域的作品我都寫過，所有書籍的主題都只有一個，那就是——

如何讓自己充滿元氣，開朗的生活。

三十本書，每次的切入點都不一樣，但本質是一致的。

為什麼我能寫出這樣的書呢？

那是因為……

過去的我比誰都憂鬱，比誰都無法開朗的生活。
所以我從學生時代開始，就一直在研究要怎麼樣才能活得開心。
現在能夠和大家分享看事物的觀點，我真的非常開心。

過去的我從來不知道，自卑和煩惱其實是激發自己潛能的禮物。

白鳥哲導演的電影《祈禱～與神對話》，在電影尾聲有這麼一首詩：

〈為南北戰爭的無名南軍戰士祈禱〉

為了成就大事，我向神祈求強壯
但是為了讓我學習謙虛，神賜予我軟弱

為了成就偉業，我向神祈求健康
但是為了讓我做更好的事，神賜予我疾病

為了幸福，我向神祈求財富
但是為了讓我更賢明，神賜予我貧困

為了博得讚賞，我祈求力量與成功
但是為了讓我不要自滿，神賜予我失敗

為了享受人生，我祈求獲得一切
但是為了讓我對一切感到歡欣，神只賜予我生命

我所祈求的，沒有一件應允

但所有願望都被聆聽
我沒有按照神的旨意
但我沒說出口的，都獲得實現
我得到神最豐盛的祝福

神賦予我和大家分享思考觀點的任務，卻給我怕生、容易臉紅、憂鬱的個性。
謝謝神讓我容易臉紅。
謝謝神給我憂鬱的個性。
我才能寫出這本書。
我才能與你相遇。

神不是一開始就給我幸福。

神給我的禮物，是「不幸」，卻是可以變成幸福的「不幸」。

大學時代，我跟同學們都不熟，也沒有朋友，回到家，就一個人窩在兩坪大的房間裡。我曾經因為寂寞，一個人默默哭泣，也有過在筆記本上寫滿「我不想就這樣死去，請幫幫我！」的日子。

那個時候，

為什麼我會這麼寂寞？

為什麼我會這麼悲傷？

為什麼我會這麼痛苦？

孤獨感在我心底深處不斷盤旋。

當時我以為是因為我沒有女朋友才會覺得寂寞。

但現在的我知道原因不僅僅如此。

我知道，我必須克服寂寞。

為什麼？

是為了今天的相遇，
為了讓你更開朗的生活。

現在回過頭看，過去煩惱、自卑、痛苦的日子，都是為了讓未來相遇的人更開朗。

你現在的煩惱也是如此。

你是為了幫未來相遇的人點一盞希望之燈，所以現在才會有這些煩惱。

這樣想是不是就能克服了呢？

現在的後悔、淚水、難以承受的傷悲……都是未來的糧食。

過去的一切，將會成為未來的養分！

現在沒辦法這樣正面思考也沒關係。

等到有一天，你回過頭看，你一定會有這樣的體悟。

未來是你的朋友，一定會站在你這一邊，只要張開雙手，迎接變化的到來。

沒問題的。因為你現在正走在最棒的路上。

對於煩惱、自卑，你可以這麼想

煩惱是未來希望的種子。

是為了讓未來與你相遇的人心情開朗的養分。

自卑是為了讓你成為最好的自己，送給你的特別禮物。

練習／看見希望

你現在有什麼煩惱的事情？

想一想——

在這件事情中，你可以得到什麼？

因為這件事情，你可以和誰相遇？

接著，從未來思考——

因為這次的體驗，你會學到什麼？

克服這份痛苦之後，你會有什麼成長？

解決這個問題之後，你會得到什麼樣的幸福？

煩惱之後，總有希望。

最後　人生的觀點

印度國王有個家臣，
每當國王問他：「這件事情你怎麼看？」
他都會固定回答一句話。
他就因為這句話深受國王信賴。
他究竟說了什麼？

在野口嘉則的《不完美，其實也很好》這本書中，寫了一段印度迦納卡王的軼事，我想在本書的最後和各位分享。

迦納卡王有個家臣，名為阿胥塔巴克拉，每當國王問他：

「這件事情你怎麼看？」

他都會固定回答一句話。

不管國王問什麼，阿胥塔巴克拉都會回答——

「發生的事，都是好事。」

不管發生什麼事情，聽到這句話，就不會生氣了。

阿胥塔巴克拉深受國王的信賴，但是其他家臣很忌妒他。

有一天，國王的手受傷了，家臣們想利用這點陷害阿胥塔巴克拉。

家臣們問他：「國王受傷了，這件事情你怎麼看？」

如果阿胥塔巴克拉還是說「發生的事，都是好事」，就可以說他對於國王受傷幸災樂禍，他就會被掃地出門。

果然，阿胥塔巴克拉還是這樣回答：

「發生的事，都是好事。」

家臣們馬上到國王面前告狀：

「國王，阿胥塔巴克拉說您受傷是好事。」

怒氣沖沖的國王就把阿胥塔巴克拉關進大牢。

後來，國王去打獵，途中被食人族擄走。食人族會把人當成祭品，獻給神靈，在他們準備進行火燒儀式的時候，發現國王的手受傷了。

對食人族來說，受傷就不能當成祭品，「你已經沒用了。」於是就把國王放了。

平安歸來的國王立刻釋放了阿胥塔巴克拉，並且說：

「誠如你所言，我的手受傷是件好事。我該如何彌補我的過錯？」

阿胥塔巴克拉回答：

「如果您沒有把我關進大牢，國王打獵的時候我也會隨侍在側，大概也會一起被抓。沒有受傷的我就會成了活祭品，所以，把我關進牢裡也是最好的安排。」

國王領悟了。

人生發生的任何事，都是好事。

來看看針對美國成功人士做的問卷調查，也可以發現這一點。

他們舉出成功理由的前三項，分別是——

「生病」、「破產」、「失戀」。

因為生了一場大病的緣故、因為破產的緣故、因為失戀的緣故。

都是一些不幸、讓人失望的事情。

但是，他們將這些痛苦的體驗，轉化成「審視自我的機會」，改變生活方式，將災禍轉成福報。

也就是說——

失望是希望的一部分。

最後舉我朋友軌保博光的例子。

大家可能比較熟悉他的藝名「天道男」。他為了拍電影，辭去吉本興業藝人的工作，但是電影的製作費需要六千萬日元。為了存錢，他就坐在馬路上，當起用筆墨「寫你所見」的路上詩人。

一開始，一天的營業額只有三百五十日元。是的，日薪三百五十日元。

一天賺三百五十日元，要籌措六千萬日元，得花十七萬一千四百二十九天，也就是四百六十九年。從室町時代開始的話，到今天就可以存到這個金額。然而，他不是先思考有沒有可能，而是抱持著必須賺到六千萬日元的決心，就這麼坐在馬路上。

但是營業額一直沒有成長，還被誤認為是新興宗教……

某一天，有個高中女生對他說：「請為我寫一張卡片。」天道男就把腦海中浮現的話語，直接寫了下來。

女孩看到天道男為她寫的詩，淚眼撲簌的說：「謝謝你，我會努力。」留下這句話後就笑著回家。

其實，天道男一直都很自卑，覺得自己很無能，對世界沒有幫助。但是在那一瞬間，他相信，像自己這樣的人也能夠幫助別人。

之後開始有了戲劇化的轉變，他一天的營業額超過一萬日元，還設立了事務所，開個展。

不過，一天一萬日元，要賺六千萬日元也要花十六年。

天道男還在想可以怎麼做的時後，事務所竟然失火！

火災發生後，他還是按照既定的行程到個展會場。

全身沾染了焦臭味，開場時他說：

「各位，有個超火熱的消息要跟大家報告……今天，我的事務所失火了！因此，請大家多多購買我的書籍和商品。」

把自己的慘事當成笑話來講，大家也都很捧場，商品果然大熱銷。

遭逢火災還這麼努力，天道男的行為感動了香川縣的一家百貨業者，為他製作電視廣告，大力宣傳他的個展。

會場人山人海，一個星期就有七百萬日元的營業額。

個展的最後一天，他懷抱著感謝之情，一邊哭泣一邊寫詩，百貨公司的工作人員也跟著一起落淚。

因為火災的緣故，把想要一起拍片的朋友的心都串連在一起。在大家齊心努力之下，十一個月後，終於籌措到六千萬日元，電影順利開拍！

奇蹟，從那場火災之後開始。

就是這麼回事。

人生發生的事，都是好事！

「最糟」，也可以變成「最好」。

就在你決心要把發生的事情變成最好的瞬間。

而下定決心所需要的時間……

是的，

只要〇．一秒！

後記

託你的福……

「爸爸，你看！獨角仙在這！」

興奮抓來的獨角仙，兒子很慎重的養在玄關的飼育箱裡。

有一天，我回家的時候，兒子正在玄關餵獨角仙吃飼料，「獨角仙、獨角仙，看這裡。」我打算把小傢伙從箱子裡拿出來，正準備抓牠的角時，說時遲那時快——

啪搭啪搭啪搭……

獨角仙展翅高飛，就這樣消失在黑暗的夜空中。

「……」

我竟然讓兒子這麼寶貝的獨角仙飛走了。

但是兒子完全沒有責怪我，只說了一句：

「爸爸，獨角仙飛起來了耶！

我第一次看到。」

讓兒子這麼失望，我也覺得很難過。

老婆大人知道了這件事情之後，她說：

「那一定很爽快！

獨角仙從箱子裡飛出來的時候，

一定覺得很爽快。」

我因為讓兒子寶貝的獨角仙飛走，心裡很自責。
兒子因為體貼這樣的糊塗老爸，完全沒有責怪我。
妻子因為想像獨角仙的心情，覺得很爽快。
同樣的事情，每個人的看法都不一樣。
我的痛處，對妻子來說，卻是獨角仙的逆轉全壘打。
我很自責，兒子很體貼，妻子則因為獨角仙的逆轉劇而雀躍不已。
悲傷和體貼一定是雙胞胎。
覺得悲傷的時候，一定也會感受到體貼。

這十年來，我一直在寫書。
我收到很多迴響，例如「翡翠先生的書改變了我的人生」、「我得到很大的鼓勵」，事實上正好相反。
這十年來，因為有你，改變了我的人生。有讀者才有作家。我很喜歡寫書這份工作，而支持我的，毫無疑問，就是你。

因為你的存在，我才能這樣開心的寫作。

顧問大久保寬司告訴我「人」這個字的涵意。

「人」看起來是右邊的一捺支撐著左邊的一撇，那麼，如果把左邊那一撇拿掉，會發生什麼事？

右邊那一捺也會倒掉。

看起來被支撐的一方，其實也支撐著對方。

你以為是對方仰賴你，事實上是你得到支持。

這就是真實的人生。

所以日本人會說：

「託你的福。」

託你的福，我才能夠寫出新的作品。
託你的福，我今天也過得很開心。
都是託你的福。
所以，最後的最後，我想跟你說：
謝謝你。
謝謝你買了這本書。
我很喜歡你！
現在，我從家的窗戶往外看，看到清澈的藍天，飄浮著鬆軟的白雲。
我知道，這朗朗的晴天，就像你的心。

翡翠小太郎

特別附錄

翡翠小太郎嚴選，轉換觀點的經典語錄

最後，獻上翡翠小太郎嚴選，
轉換觀點的經典語錄。
這些語錄是思考達人的領悟，
是人生智慧的濃縮，
沮喪的時候，還可以這樣思考！
以下，就用對話的形式來呈現。

我失戀了……

「難得失戀，來寫首詩吧。」

——俵万智（詩人）

不要，我不會寫詩……

「任何悲傷、苦痛，歲月會療癒一切。在京都，我們稱之為『時光之藥』。」

——瀨戶內寂聽（作家）

我已經傷痕累累……

「受傷是活著的證明。」

——高見順（作家）

我的未來一片黑暗……

「一片黑暗有什麼不好？在一片黑暗中，一定有別人看不到、再怎麼認真學也無法了解的好東西藏在裡頭。」

——甲本寬人（音樂家）

桌上的花也枯了……

「花要開、不開都好，只要活著，都是花。」

——安東尼．豬木（前搏擊手）

人生真的沒辦法如你所願……

「如果你心裡想的全都實現，那就危險了。三次中一次剛剛好。」

——松下幸之助（Panasonic創辦人）

我對未來很不安……

「不安是無法消除的，你就安心吧。」

我已經不知道是怎麼回事了……

——小泉吉宏，《想太多的豬》

「一開始大家都不懂。」

——孫正義（SoftBank創辦人）

想散散心，去打高爾夫，結果卻遲到……

「又不是工作，不用這麼認真。」

——塔摩利（藝人）（對打高爾夫遲到的人說）

去釣魚又釣不到……

「釣不到魚，就想成是魚給你時間。」

——海明威（作家）

工作也不順利……

「不順利的時候，才能看清更多事情。」

——北野武（導演、藝人）

還被要求寫檢討報告……

「在我們公司，沒寫過檢討報告的業務，不能升任店長。」

——小山昇（武藏野社長）

怎麼會這樣……

「『怎麼會這樣？』所有工作都是從這裡開始。」

——小倉昌男（大和運輸前社長）

我很自責……

「為什麼要自責呢？

必要的時候，就會有人來責怪你，這樣不就好了嗎？」

我做什麼都是三分鐘熱度……

「這樣也很好！能夠持續三分鐘已經很了不起了。」

——愛因斯坦（物理學家）

——松岡修造（前網球選手）

我已經身在谷底……

「就是在谷底才更應該大笑。」

——西園理惠子（漫畫家）

我總是在繞遠路……

「即使繞了一大圈，那也是屬於你的路。」

——麥克·安迪（作家）

這時候家裡還失火……

「很少有機會能遇到這樣的大火，要好好觀察。」

——愛迪生（發明家）（研究室失火時說）

我失去了一切……

「不要去追逐你沒有的東西。」

——藤原美智子（造型大師）

我的人生還有意義嗎？

「沒有煩惱，人生就沒有意義。」

——威廉・薩默塞特・毛姆（作家）

難道，只要活著就好？

「你只剩一條命。

但是，只要活著，就有希望。」

——團鬼六（作家）

這不是理所當然的嗎？

「一百年前我們不在這裡，
一百年後我們大概也不在這裡，
看似理所當然，其實一連串的意外。」

——谷川俊太郎（詩人）

我想要開始做些什麼……

「人生要孤注一擲，這點很重要。
宇宙會排除態度猶疑不定的人。
我想要戀愛、我想要失戀。
我想要各種體驗。」

——尼可拉斯・凱吉（演員）

結果不重要，經驗比較重要，是這樣嗎……

「寫出來是『失敗』，讀起來是『經驗』。」

——乙武洋匡（作家）

我會幸福嗎……

「我很幸福，因為我還活著。」

——栗城史多（登山家）

本來對這本書沒什麼期待，沒想到是本好書呢。

借給朋友看好了！

「不要借書給別人，借出去就回不來了。

我書房裡的書，都是跟別人借來的。」

——阿納托爾．法郎士（作家）

0.1 秒，把「最糟」變「最好」——讓人生快樂 100 倍的思考方法／翡翠小太郎 著；張佳雯 譯 . -- 初版 . -- 台北市：時報文化，2016.09；264 面；13 × 19 公分
譯自：ものの見方検定——「最悪」は 0.1 秒で「最高」にできる！
ISBN 978-957-13-6764-4（平裝）
1. 自我實現 2. 生活指導
177.2

105015309

ISBN 978-957-13-6764-4

Printed in Taiwan.

人生顧問 242

0.1 秒，把「最糟」變「最好」

——讓人生快樂 100 倍的思考方法

ものの見方検定——「最悪」は 0.1 秒で「最高」にできる！

作者　翡翠小太郎 ｜ 譯者　張佳雯 ｜ 主編　陳盈華 ｜ 編輯　劉珈盈 ｜ 美術設計　陳文德 ｜ 執行企畫　林貞嫻 ｜ 董事長・總經理　趙政岷 ｜ 編輯顧問　余宜芳 ｜ 出版者　時報文化出版企業股份有限公司　10803 台北市和平西路三段 240 號 3 樓　發行專線—(02)2306-6842　讀者服務專線—0800-231-705・(02)2304-7103　讀者服務傳真—(02)2304-6858　郵撥—19344724 時報文化出版公司　信箱—台北郵政 79-99 信箱　時報悅讀網—http://www.readingtimes.com.tw ｜ 法律顧問　理律法律事務所　陳長文律師、李念祖律師 ｜ 印刷　勁達印刷有限公司 ｜ 初版一刷　2016 年 9 月 2 日 ｜ 定價　新台幣 300 元 ｜ 行政院新聞局局版北市業字第 80 號 ｜